中国少数民族人口丛书

羌族

翟振武 主编

陶斯文等/编著

中国人口出版社
China Population Publishing House
全国百佳出版单位

图书在版编目（CIP）数据

羌族/陶斯文等编著．—北京：中国人口出版社，
2014.9（2022.7重印）
（中国少数民族人口丛书）
ISBN 978-7-5101-1517-2

Ⅰ.①羌… Ⅱ.①陶… Ⅲ.①羌族－民族文化－中国
Ⅳ.①K287.4

中国版本图书馆 CIP 数据核字（2012）第 288333 号

中国少数民族人口丛书　羌族
ZHONGGUO SHAOSHU MINZU RENKOU CONGSHU　QIANGZU
翟振武　主编　陶斯文等　编著

责任编辑　张宏文
美术编辑　刘海刚
责任印制　林　鑫　王艳如
出版发行　中国人口出版社
印　　刷　北京兴星伟业印刷有限公司
开　　本　710 毫米 ×1000 毫米　1/16
印　　张　8.75　插 1
字　　数　120 千字
版　　次　2014 年 9 月第 1 版
印　　次　2022 年 7 月第 2 次印刷
书　　号　ISBN 978-7-5101-1517-2
定　　价　38.00 元

网　　址　www.rkcbs.com.cn
电子信箱　rkcbs@126.com
总编室电话　(010) 83519392
发行部电话　(010) 83510481
传　　真　(010) 83538190
地　　址　北京市西城区广安门南街 80 号中加大厦
邮　　编　100054

序

如果把一个民族比作一颗星星，那我们就是生活在一个繁星满天的世界。当今世界上有约3000个民族，分布在200多个国家和地区，绝大多数国家由多个民族组成。中国也是同样，是由各族人民共同缔造的统一的多民族国家。在漫漫的历史长河中，生活在中华大地上的各族人民密切往来、交流融合、团结奋斗、休戚与共，形成了一个伟大的强盛的中华民族大家庭，共同开发了祖国的美好河山，共同推动了国家的发展和社会的进步。

在中华民族的大家庭中，有56个成员，其中有55个是少数民族。新中国成立以来，少数民族人口一直持续增长。1953年第一次全国人口普查时，少数民族人口总数为3532万人，占全国总人口的6.1%。2010年进行第六次全国人口普查时，少数民族人口总量达到了1.14亿，几乎是1953年的3倍，占到了全国13.4亿人口的8.5%。各少数民族人口数量相差较大，如壮族有1693万人，回族1059万人，满族1039万人，维吾尔族1007万人，而赫哲族只有5354人，塔塔尔族3556人，独龙族6930人。中国各民族的人口分布呈现大散居、小聚居、交错杂居的特点。汉族地区有少数民族聚居，少数民族地区也有汉族居住；许多少数民族既有一块或几块聚居区，又散居全国各地。中国少数民族聚居区大都地广人稀，资源富集。少数民族地区的草原面积，森林和水力资源蕴藏量，以及天然气等基础储量，均超过或接近全国的一半。全国 2.2 万多公里陆地边界线中的 1.9 万公里在民族地区。全国的国家级自然保护区面积中民族地区占到 85%以上，是国家的重要生态屏障。中国各民族的起源和经济、社会、文化的发展有着本土性、多元性、多样性的特点，五彩缤纷，丰富多彩。

要全面认识中华民族，就要从认识每一个民族开始。正是从这个理念出发，我们编写了这套《中国少数民族人口》大型系列丛书，力图从历史、文化、经济、社会等各个方面，用准确、科学、生动的语言，全方位描述和展现各少数民族灿烂辉煌的历史和现状，编织出一幅绚丽多彩的中华民族大家庭的“全家福”。

编写这样一套大型系列丛书，难度非同一般。几经论证和深入研讨，最终形成了编写大纲，这套丛书各个分卷的作者绝大多数由少数民族作家担任，他们不仅熟悉自己民族的历史和文化，而且对本民族有深厚的感情。在国家新闻出版总署、国家人口计生委和中国人口出版社的大力支持下，作者们历经数年，几易其稿，终成此书。值此丛书出版之际，我们衷心地祈愿这幅“全家福”能为民族的交流和团结，为中国的文化建设，为整个中华民族的繁荣昌盛，作出一份微薄的贡献。

翟振武

2012 年 5 月于北京

PREFACE

Every nationality sparkles like a star in the firmament. Now we have about 3000 stars distributed across the world in more than 200 countries, most of which are multinational. So is China, which consists of a number of nationalities. For centuries, all the nationalities have lived together, worked together and fought together, making China a prosperous unified multinational country.

Of all the 56 nationalities in China, 55 are minorities whose population has been increasing since the founding of The People's Republic of China. According to the first census in 1953, the minority population was about 35. 32 million, accounting for 6. 1 percent of China's total population. By 2010, the number had almost tripled. According to the sixth census, the population of the minorities amounted to 114 million, making up 8. 5 percent of the 1. 34 billion people in China. The population size of minority groups varies a lot. Some of them have a large population, for example, the Zhuang Nationality has a population of 16. 93 million; the Hui has 10. 59 million people and the Manchu consists of 10. 39 million people. Some of the minorities are quite small, such as the Hezhe, the Tatar and the Drung nationalities, which have populations of 5354, 3556 and 6930, respectively. China's nationalities live together over vast areas with some living in individual, concentrated communities in small areas.

Some minorities'concentrated communities are scattered among the Hans, and some Han people also live in the minority communities. Some minorities may have one or more concentrated communities, while their people spread all over the country. Most minorities'concentrated communities have their people sparsely distributed in large areas with abundant resources. The grassland, forest, water and natural gas reserves in areas inhabited by minority people account for about half of China's total. Further, 19 000 kilometers of the nation's 22 000-kilometer land boundary are in minorities'communities. In addition, 85 percent of the country's state-level natural reserves are in the minority areas, making the people important guardians of China's ecology. Each of the nationalities'origin is unique, and their development of economy, society and culture is full of variety.

Only by learning every aspect of the minorities'lifestyle can we have a comprehensive understanding of the Chinese nation. Under this notion, we write this series of books on the Population of China's Minorities to provide a detailed picture of our Chinese nation, with the glorious past and prosperous present of the country's minorities.

It is through trials and tribulations that we write this spectacular series of books. Most of the authors, who have profound knowledge of the minorities and wrote the books with their strong emotions, are members of minority groups. With the great support of the National Publication Foundation, the National Population and Family Planning Commission and China Population Publishing House, the authors completed the books after years of unremitting endeavor.

On the publication of this series of books, we are looking forward to seeing these books contribute to the unity of the Chinese nation and help our country flourish in the future.

Zhenwu Zhai

Beijing

May 2012

目录

Contents

综 述

羌族，一个远古民族，一个曾同其他民族一起缔造华夏文明的伟大民族，一个保留着最原始民俗风情的传奇民族，一个在碉群里生活了千年的坚强民族，她古老神秘又独具神韵……

那热情奔放的沙朗，悠扬的羌笛，吉祥的羌红，美丽的羌绣，那醇香的青稞咂酒，宏伟的羌碉，融汇在尔玛人热情奔放与坚贞纯朴的血液中，凝聚成羌民族那勇武不屈和粗犷豪放的性格，为世间描绘了一幅迷人的民族风情画卷，古朴而亮丽……

羌族文化作为中华文化百花园中的一朵奇葩，素有民族活化石之称，以其悠久的历史、多姿多彩的民族风情闻名于世。

羌族，作为中国最古老的民族之一，她有着悠久的历史。迄今为止，我国境内发现的最早的文字——甲骨文和金文中都有“羌”字，是唯一一个关于民族（或氏族、部落）称号的文字。“羌”是中国人类族号最早的记载。在中华民族大家庭中，她的年龄至少三千岁。古羌人主要活动在西北的广大地区。在甲骨文中，“羌”字作为一部族之名，频见于殷商卜辞中。“羌”在造字法上是个上“羊”下“人”的会意字，据有关记载，古代“羌”字读音和“羊”字也很接近，难道羌和羊有什么神秘的关系吗？如果你有机会走进四川省阿坝藏族羌族自治州的羌族村寨，你就不难发现，在许多羌村建筑上都悬挂着一个映入眼帘的大羊头，羊头上还有一对美丽的大羊角向上弯曲着呢！①

羌，作为一个古老的文字，也是一个古老的族姓。古老的羌人经过千百年的分化与融合，一部分融入其他民族，还有一部分生活在岷江上游和涪江上游的羌人，就成为今天的羌族。可以这样说，羌族是伴随着中华文明的脚印一步一步地从上古走来，不愧是中华大地上最古老的民族之一，也是世界上最古老的民族之一。

桃坪羌寨 （贾银忠摄）

---

① 冯骥才，向云驹．羌族文化学生读本．北京：中华书局，2008：2.

“龙来氏羌黄河头，征程漫漫几个秋”[①]，羌族经历了漫长的发展历程。

《说文·羊部》解释“羌”为“西戎牧羊人也”[②]。这个远古擅长畜牧的民族，后来就分化出转向农耕文化的一支，并拥有了统一的姓氏——“姜”，古羌对中国历史和民族发展有着广泛而深远的影响。在中华民族带有朦胧色彩的神话时代，他们就开始登上历史舞台。在中国上古时期的历史传说中，有许多中华民族的先祖都与古羌族密不可分。羌族是一个聪明智慧的民族，广为流传的那位发明了农具并使华夏历史进入农耕时代的中华民族先祖神农氏[③]即为羌姓，据《史记》卷一记载：“神农氏，姜姓也”，他本是中国农业的始祖，发明农耕的代表。[④] 正是因为他，古代先民才从居无定所、四处寻找牧草的游牧生活改变为定居的农耕生活。姜姓神农氏还亲尝百草，教民耕织，并开始了陶器的制作，以及药物、纺织、音乐等物质文明的创造，从而开创了中国有史以来的农耕社会文明。羌族还是一个勤劳勇敢的民族，传说姜姓共工氏[⑤]及其后裔对于防治上古时代的洪水灾害，曾经作出了极大的贡献。这是人类文明上一个了不起的进步。不仅解决了人们的衣食问题，也为文化的传承创造了条件。

虽然，这些大多只是传说，但也从侧面证明了古羌人是我国古代最早进行农业生产的部落之一，开创了中国农耕文明，促进了文化的

---

① 氐羌：我国古代少数民族氐族与羌族的并称。都居住在今西北一带。《诗·商颂·殷武》：“自彼氐羌，莫敢不来享，莫敢不来王。”

② 西戎：古人对四方少数民族群体的称呼，西方称戎，东方称夷，南方称蛮，北方称狄。

③ 神农氏：别名五谷帝仙，是传说中的农业和医药的发明者，继伏羲以后，神农氏是又一个对中华民族贡献颇多的传奇人物。他发明了农耕技术而号神农氏，因以火德王，又称炎帝，然而关于神农氏是否就是炎帝这个问题，学术界一直存在争议。

④ 周锡银，刘志荣．羌族．39页．民族出版社．1993.

⑤ 共工氏：据说姓姜，是炎帝的后代，共工氏是神农氏以后，又一个为发展农业生产作出过重要贡献的人。他发明了筑堤蓄水的办法。

传承，表明了古羌人在远古时期对我国历史文明的创造，有着不可磨灭的功绩。

羌族有自己的语言，属汉藏语系藏缅语族羌语支。羌语可分为南北两大方言。两大方言分歧的主要特点是：南部方言大都有声调，北部方言没有声调，但有较为丰富的复辅音韵尾。羌族历来以汉文记事。保留在羌族地区的唐宋以后的铭刻均为汉字，羌族释比（巫师）虽沿用羌语唱诵经文，但在书写奏文、祈文和符咒时亦使用汉文。现代羌族地区通用汉语，直到 1989 年开始羌族文字创制工作。[①]

现代羌族自称“日麦（四川话发音 mei，入声）”、“麦”、“尔麦”、“尔玛”、“玛”，书面多用“日麦”与“尔玛”（如网络名人天仙妹妹就叫尔玛依娜[②]），意为“本地人”、“人民”，“日”为发语词，无实意，“麦”或“玛”为实词。羌族因与汉族人民的长期交往，他们很早就用汉文记事，通用汉文。

现今羌族人民大多居住在岷江上游与涪江上游。

现羌族聚居地区有美不胜收的名胜古迹：到了那里，可以梦回古新石器时代的营盘山；可见到缅怀治水英雄的大禹庙；也可以看到再现三国时代的姜维城；还可以领你探谜岷江上游的石棺葬；更可以带你领略羌藏文化的古走廊……

羌族聚居地区还有如痴如醉的羌山美景：到了那里，你可以一睹风景绮丽的汶川三江；了解那不复再现的古猿王洞遗址；你还可以饱览那美如仙境的九鼎山；更可以走进中国国宝的理想乐园……

羌族地区社会组织随社会变迁而发生变化，其中有代表性的制度

---

① 《北川羌族自治县概况》编写组．北川羌族自治县概况．北京：民族出版社，2009：16.

② 天仙妹妹：四川理县人，羌族，羌族名字叫尔玛依娜，汉名余红艳。根据她自己的解释，尔玛是美人的意思，依娜就是羌语里的锅庄（一种民族舞蹈）。2005 年被 TOM 网网友冠以天仙 MM 称号，成为网络名人。

之一就是土司制度[①]，土司制度确立后，羌族人民头上就有了两重统治，一个是封建王朝系统从中央到地方的各级官吏，另一个是本族的统治阶级——土司、头人。由于封建王朝主要是通过土司来进行统治，所以土司就成为羌族人民直接的统治者，土司制度下的羌人生活不堪重负[②]。面对土司的奴役，他们奋起反抗，各地反土司斗争此起彼伏。随着社会的发展，后来土司制度被废除，但羌族人民仍然没有摆脱被压迫的命运。直到新中国成立后，羌族人民才真正当家做了主人。

羌族文化之所以神秘，首先是那神秘莫测的释比文化。释比是羌语，民间祭司的一种称呼，汉语称为端公，是从事宗教活动的神职人员。释比又称“许”，羌人称为“阿爸木纳”、“阿爸许”。羌族的“释比文化”如同彝族的“毕摩[③]文化”、满族的“萨满[④]文化”一样，有重要的价值。释比还是通达神界的使者，在羌民中有很高的地位。释比文化是羌文化的大百科全书，羌族释比图经《刷勒日》(羌语音译)，是释比文化中最为绚丽、最为丰富、最具神秘色彩的一道亮丽风景线。

羌族人民能歌善舞，民间的说法是“没有歌不行，没有舞亦不行”。羌族的舞蹈形式多种多样，舞姿优美，最主要的有“跳萨朗”、“跳盔甲”、“跳皮鼓”和“兰干寿”等。到了羌族村寨你可以尽情领略那悠扬婉转的尔玛情歌和绚丽多姿的羌族舞蹈。

---

① 土司制度在后文有介绍。

② 《羌族简史》编写组，《羌族简史》修订本编写组. 羌族简史. 北京：民族出版社，2008：34.

③ 毕摩：毕摩是彝语音译，“毕”为“念经”之意，“摩”为“有知识的长者”。是一种专门替人礼赞、祈祷、祭祀的祭师。主要职能有作毕、司祭、行医、占卜等活动。在彝族人民的心目中，毕摩是整个彝族社会中的知识分子，是彝族文化的维护者和传播者。

④ 萨满：“萨满”一词也可音译为“珊蛮”、“嚓玛”等。该词源自通古斯语 saman 与北美印第安语 shamman，原词含有智者、晓彻、探究等意，后逐渐演变为萨满教巫师即跳神之人的专称，也被理解为这些氏族中萨满之神的代理人和化身。萨满教是我国古代北方民族普遍信仰的一种原始宗教，产生于原始母系氏族社会的繁荣时期。古代北方民族或部落，如肃慎、勿吉、靺鞨、女真、匈奴、契丹等；近代北方民族，如满、蒙古、赫哲、鄂温克、哈萨克等族也都信奉萨满教或保留萨满教的某些遗俗。萨满教原始信仰行为的传布区域相当广阔，囊括了北亚、中北欧及北美的广袤地区。

唐代诗人王之涣那句苍凉的边陲名诗“羌笛何须怨杨柳，春风不度玉门关”[①]，至今让人久久难忘。羌笛是羌族特有的民族乐器，有着几千年的历史。在这几千年的历史中，羌笛已经深入到每一个羌族人的心里，俨然和羊头一道成了这个民族的重要文化表征。羌笛作为羌族文化艺术的一部分，代表着羌族这个族群的灵魂。2006 年 5 月 20 日，羌笛演奏及制作技艺经国务院批准列入第一批国家级非物质文化遗产名录。

流传于羌族人民群众中的口头文学在羌族文化中占有重要的地位。它主要是依靠人民群众世代口授和长期歌唱而保存下来的。在浩瀚的羌族文化海洋里，你可以看到英勇善战的黑虎将军，还有那浪漫神奇的口头文学。

羌族文化博大精深，羌人的衣食住行都赋予了他们特有的文化内涵。“万颗明珠一坛收，王侯将相都低头。双手抱定朝天柱，吸得黄河水倒流。”民间更是有“岷江边上酿咂酒”、“杆杆的酒里找黄河”的歌儿传唱。在羌山你可以品尝那精美绝伦的羌族美食，尤其是那浓香纯正的尔玛咂酒和原始古朴的特色饮食，会让你终生难忘。

在美丽的羌族服饰中，最著名的要算那闻名遐迩的羌族刺绣和形式多样的羌族服饰。

当代羌族，主要分布在四川省阿坝藏族羌族自治州所属的茂县、汶川、理县、松潘、黑水，绵阳市北川羌族自治县及平武县，其余散居在甘孜藏族自治州的丹巴县及贵州省铜仁地区的江口、石阡等县。羌族聚居的川西地区，处于青藏高原向四川盆地过渡的高山峡谷地带，这里峰峦叠嶂，群峰争雄，历史上向有“万山环绕”之称。同时，羌族人大多聚居在建在陡峭的半山上的羌寨，从山下仰望，在遥远的蓝天白云下，高耸的羌碉与依山而建的石楼石房连成一片，形成独特的山寨景观。羌族因而被称为“云朵中的民族”。

---

① 引自王之涣《凉州词》。

那神奇的“东方古堡”——羌族碉楼更是让人拍案叫绝。还有那让人流连忘返的如诗如画的云朵村寨。羌族人民的聪明才智还体现在他们发明的惊险神奇的羌山溜索和巧夺天工的羌族索桥上。

自古以来，羌族人口一直随着社会、自然环境的变迁呈波浪形变化。从宋代以来是不断增加的。而明代后期由于大规模的战乱，有所消减。1812 年以后，羌族人口呈急剧下降趋势。其因素很多，除了耕地减少、疾病流行，还有自然灾害，比如 1933 年的叠溪大地震①，死亡 6800 余人。新中国成立后，羌族人口快速发展，在很大程度上受更改民族成分的影响，另外也受自然增长的影响。但是，汶川大地震给羌族人民带来空前灾难，幸运的是国家采取了一系列有利于羌族人口发展的战略，让我们看到了一个未来充满希望的民族。

羌族地区婚丧嫁娶习俗，一方面体现了受汉文化的影响，另一方面也保留了本民族特色。羌族地区曾流行“女婚男嫁”与同姓不婚，同时，羌族地区多盛行女婿上门，羌族地区也经历了从包办婚姻到自由恋爱的过程。

羌族的婚姻缔结过程中还有“红爷”与“吃大小酒”以及“挂红”与男女“花夜”等有趣风俗。羌族地区还流行“尚双”习俗。羌族崇尚双数，认为“双则和，和则满”。

生育，关系到人类的繁衍和民族的发展，故每个民族都非常重视生育文化。羌族在其漫长的历史发展进程中，创造了很多神奇而又丰富多彩的生育习俗。羌族作为一个不断迁徙的民族，而且在古代经常处于战乱之中，所以，非常重视生育和孕产。出生报喜表明了羌族人民对个体人生和民族兴盛的美好向往和追求，包含着对新生儿和产妇

---

① 叠溪大地震：1933 年 8 月 25 日 15 时 50 分，四川省茂县叠溪镇发生了 7.5 级强烈地震，震源深度为 6.1 公里。城中心部分在剧震发生的几分钟内几乎笔直地坠落，呈单条阶梯状地震的下滑距离达 500～600 米。叠溪城及附近 21 个羌寨全部覆灭，死亡 6800 多人。

的美好祝愿，也体现了对其家人的热烈祝贺。取名在羌族人眼中是件大事，必须慎重对待。在羌族地区传统习俗中，婴儿出生3～7天就要为其取名。由于受汉文化的影响，羌族人的名字一般是三个字。羌族地区还重视对婴儿做“满月”，体现对孩子成长历程的重视。养儿养女望成人，羌族人养育儿女和举行“成年礼”，都是围绕着“成人”的自然和社会目的而展开的。

羌族是一个尚礼民族，在地缘、血缘和行政三重关系下，舅权崇拜贯穿人生过程，同时，白石崇拜遍及羌族社会生活。

羌族也是一个男女平等的社会，羌族妇女在家庭中具有重要的地位。羌族还是个重视礼仪的民族，在社会交往中，讲究长幼有序、尊老爱幼。羌族有敬老爱老的优良传统。

羌族古代主要的丧葬方式有火葬、土葬、水葬、岩葬四种。其中火葬是历史最为悠久的传统葬俗。后来由于受到汉族习俗的影响，土葬逐渐普遍，至今仍是羌族地区最主要的丧葬方式。

羌族谚语云：“皇帝祭社，百姓祭天。”在羌族的祭祀活动中，祭天最为经常，祭山时必祭天。一般而言，全村寨除了妇女以外的所有成员都必须参加。在羌族缤纷的民族节日文化中最有名的是流传千古的瓦尔俄足——妇女节、崇尚自然的祭祀大典——祭山会、盛大隆重的羌族节庆——羌历年。

现代羌族人民以农业为生，谚语有“一本二本，庄稼为本”的说法。

新中国成立后，羌族教育得到了长远的发展。羌族是一个不断流迁的民族，促进了民族文化的进步、民族观念的更新、民族素质的改善以及民族融合的推进，使整个民族的现代化水平得以提升。

羌族医学也源远流长，在其社会历史发展的长河中，逐步形成了颇具自身特色的民族医学。现在，羌医药的不断发展，在当地人民的医疗、预防方面发挥了积极的作用。

羌族就业体现了一定的性别分工，男女职业分布存在差异，同时，羌族女性也开始接受现代就业理念。羌族人民也非常重视各行各业全面发展，俗语说“要得富，找门路”，越来越多的羌族老百姓寻找各种致富门路，让我们看到了一个充满希望和活力的新时代的羌族社会。

虽然 2008 年汶川大地震给羌族人民带来了灾难性的破坏，但英雄的羌族人民并没有被苦难吓倒。在党中央和各级政府的关怀、帮助下，在全国各族人民的支持下，羌族人民正在斗志昂扬地进行灾后重建工作，迎接民族发展的新辉煌！

对于一个有着灿烂文明历史的民族来说，今天是如此渴望再创辉煌，也只有经历苦难的民族才更加懂得重新奋起的意义。当历史的脚步进入 21 世纪，随着全面建成小康社会和构建和谐社会号角的吹响，古老的羌族迎来了民族发展的盛世，正在发生着前所未有的巨变：民族团结进步、人民生活水平明显提高、干部茁壮成长、各项事业蓬勃发展……英雄的羌族人民正同全国各族人民一道，用自己的辛勤劳动，谱写着历史的新篇章！包括羌族人民在内的各族人民正朝着一个富强、民主、文明、和谐的现代化国家迈进，我们坚信，中华民族的伟大复兴必将实现！

第一章

羌人从远古来

古羌人与羌族是两个不同的概念。古羌人是中国历史上的羌人，与现在汉藏语系藏缅语族的许多民族有渊源关系，包括羌族。现居于岷江上游和涪江上游的羌族是新中国成立后，国家通过语言、历史、文化的调查和识别，并经过当地人的认同而被认定为羌族的。羌族主要居住在青藏高原东南边缘向四川盆地过渡的高山峡谷地带。如果从成都西边出发，经过都江堰，沿岷江水流逆向而行，很快就进入汶川、茂县等羌族地区，那里就是美丽的羌乡。

第一节　未消亡的古民族

古羌人不仅是华夏族的重要组成部分，而且是最早进入农牧兼营，且以养羊业著称于世的民族，是最远古民族之一，对中国社会的历史发展和中华民族的发展都有着广泛而深远的影响。

一、古羌人亘古不朽的传说

羌族是古代西戎牧羊人，分布在中国西部各地。羌族原来就是一

个农牧兼营的部落。在我国浩如烟海的史书古籍里，就有不少羌人的记载。《说文解字·羊部》中释羌“西戎牧羊人也。从人、从羊”。《风俗通》也说，“羌……主牧羊。故‘羌’字从羊、人，因以为号”，故把“羌”作为西方从事畜牧业，并以养羊为特色的民族。

羌族文物羊角　（田茂旺摄）

史籍中载“姜”为羌人的一支，是羌人中最早转向农业生产的一支。“羌”字的结构为“羊首人身”，“姜”则“羊首女身”，都与羊有关，其字面上可反映出远古游牧经济的特点。

传说我国农业始祖炎帝“神农氏”即为姜姓。《白虎通·五行》说，“炎帝者，太阳也”，以形容炎帝的伟大，给万物生灵带来生机。还将炎帝尊称为“赤帝”，显示民族的赤诚之心、崇敬之情。姜水流域应是姜姓部落的最初活动范围。

我国第一个奴隶制王朝夏，传说羌人是其中的主要组成部分，甚至说夏朝的建立者禹也是羌人。近二十年来，大禹与羌的关系研究，空前活跃。许多学者据史书记载、历史遗迹和丰富的民间传说认为大禹“兴于西羌”可信，羌区是大禹的诞生地。① 事实上，今天的羌族是古羌人中保留下来的一支。古羌在中国历史上有着重要的地位，古羌部落在不断地迁徙和壮大中，与黄帝等部落联盟共同构成“华夏族”（汉族的前身）的一个重要组成部分。在那时，氐羌族群不是一个单一的民族，他们有不同的语言、服饰、习俗等，唯一的共同点可能就只是“逐水草而居”的游牧生活方式。古诗云：“龙来氐羌黄河头，征程

---

① 《羌族简史》编写组，《羌族简史》修订本编写组．羌族简史．北京：民族出版社，2008：4～5.

漫漫几个秋。”在甲骨文中，有一个也是唯一一个关于民族（或民族、部落）称号的文字，即“羌”。这也是中国人类族号最早的记载。羌族的“羌”字，在汉文献中解释为牧羊人，故字形从羊从人。羌人就是从事畜牧并以养羊为特色的民族，其文化也具有浓郁的牧羊民族的特色。

炎帝神农氏所在的姜姓部落传说是羌人部落中较早进行农耕的部落，对我国农业的发生、发展作出了重大贡献。《白虎通·卷一》记载：“神农因天之时，分地之利，制耒耜[①]，教民农耕。”《淮南子·修物训尝水草》有炎帝“乃教始民，播五谷”之说。耒耜的制作，标志着原始农业生产的开始，使农业工具进步，相应地，生产力得到了提高。此外，古羌人还制造陶器。《太平御览》载“神农耕而作陶”，用以储存食物，制作乐器，以适应精神生活的需要。这些发明极大地提高了部落的生产和生活水平，使古羌人中这部分人率先实现了从游牧经济到农耕经济的过渡。

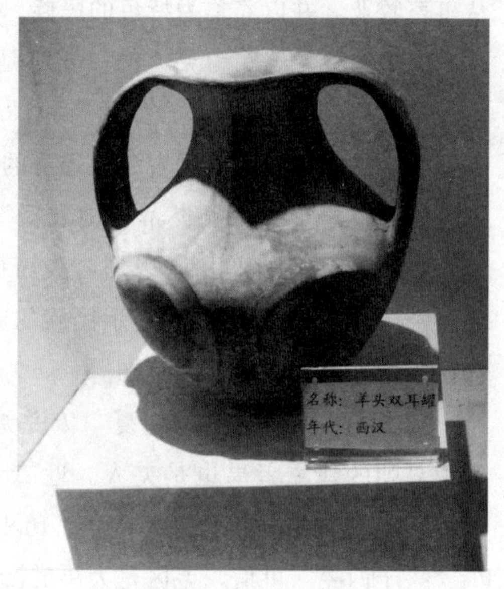

双耳罐　（贾银忠摄）

古羌人主要活动在西北的广大地区，迁徙到中原地区的羌人逐渐被其他民族所融合。今甘肃、青海的黄河、湟水、洮河、大通河和四川岷江上游一带是古羌人的活动中心。殷商时期，有羌人首领担任朝

① 耒耜：象形字，古代的一种翻土农具，形如木叉，上有曲柄，下面是犁头，用以松土，可看作犁的前身。耒耜的发明开创了中国农耕文化。

中官职，武丁时期就有羌可、羌立做商王朝的祭祀官。还有“北羌”、“马羌”等众多“方国”与部落，他们有的过着居无定所的游牧生活，也有一些从事农业生产。

周时，羌之别种“姜”对周人的影响很大，据传周人始祖“弃”为姜姓部落之女姜嫄之子。周、姜关系密切，周王多娶姜女，如武王妃“邑姜”、成王妃“王姜”等。[①] 而且羌人为牧野之战的积极参与者。“可以说姜人的存在是周人得以成长壮大的极端重要的外界条件”。后来，大量的羌人融入汉中地区。

春秋战国时期，羌人所建的义渠国，是中原诸国合纵连横的重要力量，与秦国进行了170多年的战争。义渠国于公元前272年为秦所灭。在此期间，以羌人为主要成分的诸戎逐渐为秦国所融合。而居住在甘肃、青海、黄河上游和湟水流域的羌人，仍处于“少五谷，多禽畜，以射猎为事”的状态，是羌人中的“后进部分”。《后汉书·西羌传》中记述了秦厉公时羌人无弋爰剑被俘，逃回家乡后教羌民“田畜”，使羌人开始有了原始农业生产，人口增加，经济发展的史实。

此后，羌人进一步发展、分化。其后子孙分别“各自为种，任随所之，或为旄牛种，越嶲羌是也；或曰白马种，广汉羌是也；或为参狼种，武都羌是也”。这一时期，西北的羌人迫于秦国的压力，开始大规模、远距离地迁徙，构成为“羌人历史及我国西北、西南民族史上的重要时期”。

二、定居在岷江上游与涪江上游的羌族

羌族的迁徙在历史上是有记载的，但随着历史的延续和岁月的沉淀，详细的迁徙情况我们不得而知，但其曾经定居在岷江上游与涪江

① 《羌族简史》编写组，《羌族简史》修订本编写组．羌族简史．北京：民族出版社，2008：9.

上游是有历史证据的。

1. 古老的《羌戈大战》

对于民族渊源的追溯，可以依据文献、考古发现去进行科学的探索，这种探索是为信史。但是普通群众对于自己的祖先则有着更多更美丽的传说故事，这些故事或许是先民真实记忆的艺术表达，或许已经离史实太远，不管这些故事的真实性还留下多少，但作为一种先民的遗产，它的价值仍然是不可估量的。

羌族民间流传的古老而丰富的叙事诗，保存有不少羌人远古历史的珍贵资料。《羌戈大战》是其中最著名的一部。它叙述了羌族人民的祖先历尽艰难困苦，与魔兵战、与土著戈基人战，从西北迁居岷江上游的历史。但依然可从史诗唱词中看出羌族的发展历程和民间文化的形成渊源。

史诗说在远古时期，羌人住在大西北草原：

在远古的时候，
大地一片莽原。
牛群羊群多兴旺，
羌人儿女乐无边！

但因战争及自然灾害，逼使羌人向西迁徙：

无情的天灾和战乱，
失去了美丽的家园。
羌人率众往西走，
去寻幸福的泉源。

一路上他们历尽千难万险和各种征战：

羌人部落有九个，
部落首领是九兄弟，
九支人马九兄弟，
魔兵冲散各逃生，
战火翻滚来拼杀，
各自奔波找前程，
阿爸百构是大哥，
率众奔向补尕山。

这段唱词中所提到的羌人与魔兵的战争，导致羌人九个部落在向西迁徙中，被追兵冲散，后来在西南方向形成了不同名称的羌族支系。

羌人与魔兵的战争，通过锡拉的神助，大哥阿爸百构施法将白石变雪山阻挡了魔兵的追击。

为了报答神恩，羌人开始供奉白石神：

雪山顶上捧白石，
白石供在房顶正中间。

后来住在“日补坝”（今茂汶境内）的“戈基人”一再骚扰羌人，羌人在天神木比塔的帮助下最终战胜戈基人。

阿爸百构英雄汉，
勇猛无比善作战。
牟尼委西是师傅，

传授本领力无边。

……

上天能拔金牛角，

下海能取鳌鱼胆。

……

千军万马来统率，

管叫妖魔吓破胆。

十八大将作先锋，

九个儿子多剽悍。

长矛短刀寒光闪，

旗幡盔缨舞翩翩。

……

其后饲养猪只，发展农业生产，人口增长，阿爸百构的大儿子住在格溜（茂县），二儿子住热兹（松潘），三儿子住夸渣（汶川），四儿子住波洗（理县薛城），五儿子住慈爸（黑水），六儿子住喀书（绵池），七儿子住尾尼（灌县娘子岭），八儿子住罗和（灌县），九儿子住巨达（北川）。从此，羌人遍布岷江上游地区。①

2. 定居在岷江与涪江上游

如《羌戈大战》所述，羌人战胜戈基人后，得以在岷江上游安居乐业。为报答神恩，羌人奉白云石为最高天神，这种习俗相传至今。这段传说，实际说明了羌人历史上迁徙的一段真实历史。这个传说和史书记载及考古资料结合起来印证，就知道岷江上游的羌人最迟在汉代就已定居于此。

岷江上游地区是古代一些民族往来的走廊，近半个世纪以来，在

① 《羌族简史》编写组，《羌族简史》修订本编写组．羌族简史．北京：民族出版社，2008：27.

岷江上游和杂谷脑河沿岸，陆续发现了许多新石器时代文化遗址，近来又在茂县、汶川等地出土了完整的彩陶等器物，它们与陇西、陇南的马家窖文化类型的器物相似。据 1976 年在茂县发掘的石棺葬墓及出土文物考证，羌人的先民在秦汉时就已居住、生息在这块土地上，并已由游牧转为定居生活。

从隋唐至宋代，除在岷江上游一些聚居的村寨，继续保持着羌人的基本特点外，其他地区的羌人，已经逐渐融合到其他民族之中了。

根据考古资料发掘，在岷江上游及其支流杂谷脑河流域两侧的黄土台上，有不少新石器时代的文化遗址，说明早在石器时代这里就有人居住了。

如后文所述的古代的石棺葬虽族属问题存在争议，但至少也证明了羌等民族先民很早就生息在岷江上游地区，当他们在岷江上游地区定居下来后，又随之成为岷江毗邻的涪江上游部分地区的居民。

从以上考古史料我们可以得知岷江和涪江上游地区曾经是羌族的定居地，如果细细思考，羌族在这里定居也是有一定环境条件的，两江地区气候湿润，土地肥沃，适合灌溉，在这里定居有天然的农业优势，而且这里与外界隔绝，不易受外界的入侵，正是由于这样的原因，古老的羌族才保存了他们独特的文化，在这里世世代代繁衍生息，也成为了我国少数几个没有消失的远古民族之一。

三、英雄民族书写社会发展崭新诗篇

新中国成立前，羌族社会生产力水平极端低下，生产工具落后，有的地方还是“刀耕火种”的原始生产方式。生产关系以封建地主经济居统治地位，广大羌族人民受尽了地主阶级的残酷剥削，既有地租剥削，也有以换工、放高利贷等手段，对贫苦农民巧取豪夺。新中国成立前，苛捐杂税名目繁多，再加上额外的敲诈勒索，更加重了羌族人民的负担。为牟取暴利，羌人被迫种植鸦片，严重地破坏了羌族社会的农业生产，摧残了羌族人民的身心健康。帝国主义的入侵及同反动官府的相互勾结，对羌族人民进行残酷迫害，大肆掠夺珍贵药材和其他土特产品，更加深了羌族人民的苦难。

新中国成立后，党和政府根据羌族地区的实际，进行了民主改革和社会主义改造，大大解放了社会生产力。1958 年 7 月 7 日建立了茂汶羌族自治县，实现了羌族人民当家做主的自治权利，古老的民族焕发了青春。农村经济得到较快发展，粮食产量逐年增加，其他各业也有相应的发展。工业从无到有，已兴建起制革、造纸、木材、水泥、化肥等工业，涌现出凤仪、威州、漩口等新兴工业城镇。水电站的建设成就尤为突出，在茂汶羌族自治县境内，中、小型水电站星罗棋布，97%的人家用上了电灯，结束了羌族人民靠火把、松明照明的年代。过去，羌族地区没有公路，运输全靠人背畜驮，如今岷江江面上架起了大型混凝土公路桥两座，钢索桥三十六座，全自治县几十个乡镇通了公路。羌族地区的文教、科技、卫生事业也有很大的发展。全自治县现有中学几十所，小学几百所，学龄儿童入学率达 95%以上①，羌族已经有了自己的大学生和科技人才，在国家的航空、航海、地质、冶金、机械、化工、建筑工程领域里，也有羌族第一代的科技人员。医院、卫生所分布自治县各地，对历史上流行的疾病进行了普查普治，有效地保障了羌族人民的健康，促进了社会经济的发展。

第二节　自然环境与人文景观

羌民族生活的区域，山川秀丽，自然环境得天独厚，特殊的地理位置孕育了众多迷人的自然景观；羌民族历史悠久，从古羌的游牧文

① 千里原．民族工作大全．中国经济出版社，1994.

明、羌戈融合的新石器文明到羌藏睦处的农耕文明，积淀了深厚的文化遗产，孕育了丰富多彩、浓郁独特的自然与人文景观。

一、美不胜收的名胜古迹

1. 梦回古新石器时代——营盘山

营盘山，又名红旗山、云顶山，系岷山山脉老人山在西南麓向河谷延伸部分，为岷江东岸的三级缓坡台地。营盘山遗址的发现，可谓机缘巧合。20 世纪 70 年代末，四川阿坝州茂县距凤仪镇大约 2.5 公里处一群改造农田的农民来到营盘山台地挖土时，当挖到一米多深的时候，发现很多片硬物，以为是宝贝，就汇报给了茂县文化馆考古组。经过成都文物考古专家组鉴定，村民挖掘的墓葬年代大约在春秋到汉代，而且墓群数量有数千座。

营盘山遗址距今 5000～5500 年。自 2000 年起，四川营盘山遗址联合考古队发现的新石器时代遗迹包括房屋基址 9 座、墓葬及殉人坑 8 座、窑址 4 座、灰坑 140 余个、灰沟及灶坑 13 座等，还在遗址中西部发现一处大型类似于广场的遗迹，充分证明了营盘山遗址是岷江上游地区新石器时代的大型中心聚落遗址之一，它是长江上游地区发现的时代最早及规模最大的陶窑址，也是国内发现的时代最早的人工使用朱砂的遗物等。鉴于营盘山遗址是目前发现的该类型文化遗址中面积最大、考古工作规模最大、发现遗存最为丰富的遗址，因此将这类遗存命名为“营盘山文化”。

随着考古挖掘的深入，营盘山遗址更多始料未及的大发现重见天日。只要有人活动的地方，就会留下人类活动的足迹和历史。营盘山遗址的发现，叙说着古老羌族人民久远的故事。营盘山遗址属于横断山区，它以其独特的高山峡谷相间闻名于世，这种独特的地理位置，造就了它还是连接中国两大文化发源地的长江和黄河流域的文化走廊，也属于藏彝走廊或氐羌走廊重要组成部分，生活在岷江上游的古羌人是这一文化走廊文明的创造者和见证人。今日羌族最大聚居地域的茂县就成为这一核心地区的中心。茂县同时也是阿坝藏族羌族自治州的经济重镇，是岷江上游的文化、政治和地理中心。

成都文物考古研究所专家指出，营盘山文化发展的趋势展现了岷江上游新石器时代文化演进中的本土化历程，它是黄河文明与长江文明相互交流融合的产物，是华夏文明的重要组成部分，在中华文明起源及早期发展的历史进程中占据较为独特的重要地位。四川省考古文物研究所专家认为，营盘山遗址的发现，改写了5000年来的长江文明史。

2. 缅怀治水英雄——大禹故里

传说羌族地区是大禹的故乡。《史记·六国年表》说："禹兴于西羌。"有学者认为禹的出生地在今岷江上游羌族地区。杨雄《蜀王本纪》记载："禹本汶山郡广柔县人也，生于石纽。"至于石纽在今何处，茂县、汶川、北川等县都有众多传说、遗迹供人们研究。

民间至今流传着"石纽投胎"的故事。传说远古的时候，火神与水神是一对冤家，他们见面就要打架。有一次，两神在一起足足打了七七四十九天。水神终究不是火神的对手，被打败后落荒而逃。但是，水神并不服气，便施展法术，滥放洪水，于是整个大地陷于一片汪洋之中。人们为了活命，要么爬上高山，要么像鸟一样在树上巢居。深深哀怜羌民痛苦的天神——"木比塔"，决心把人民从洪水的苦难中拯救出来。他召集众神商量，打算派一名肯于吃苦耐劳的神仙下凡投胎人间，以便率领人民根治滔滔洪水。众神一致推举龙神大禹来完成天神木比塔的宏愿。大禹投胎那天，他的母亲看见蔚蓝色的天空飘着一朵羊角花一样的彩云，当彩云飘到石纽山的上空时，突然从云中掉下了一块雪白的大石头，就在白石头触地的一瞬间，大禹的母亲突然感

到肚子里被什么东西搅动了一下，就怀孕了。与此同时，石纽山下湔江河边的摩崖下冒出了一股清泉，这是天神木比塔赐给大禹的神水。

“昔尧遭洪水，鲧所不治，禹疏江决河，东注于海，为民除害，生民以来功莫先者。”[1] 与大禹相关的遗迹遍及岷江、涪江上游流域地区[2]，这正是人们对治水英雄的一种深切缅怀。

3. 再现三国时代——姜维城

姜维城遗址是岷江上游一处极具代表性的重要遗址，位于汶川县威州镇岷江东岸山梁上。姜维城是以三国时期蜀国大将姜维的名字命名的，该遗址被国务院公布为第六批全国重点文物保护单位之一。

古姜维城　（贾银忠摄）

据《旧唐书》记载，“蜀刘禅时，建兴九年（231 年），汶山羌暴

① 《三国志·蜀志·秦宓传》。

② 《羌族简史》编写组，《羌族简史》修订本编写组. 羌族简史. 北京：民族出版社，2008：2.

动，大将姜维、马忠、张嶷领兵征讨汶山叛羌，曾先后在汶山、理县的维关和杂谷脑等地屯兵筑城”，延熙十年（247 年）前后，在威州岷江东岸之台地上筑城，习称“姜维城”。如今所遗存的姜维城，实为明孝宗弘治年间（1488～1505 年）将过去朝代所修建的作战城堡连接起来，重新构筑而成的。如今，在遗址东南方向仍尚存一黄泥垒筑而成的高台，据说是姜维点将练兵之地，人称“三国点将台”。“三国点将台”在城墙南面 150 米处残存的一夯筑土台长 9 米，宽 7 米，高 8 米。尽管历经 2000 多年风风雨雨，用泥土夯筑的古城墙犹如巨龙盘旋而卧，其垛口依然清晰可见。除此，在姜维城遗址的东面大约三里地方还有一个坝子，人们称为姜射坝。据说是姜维当年率领军队练习骑马射箭的地方。城西的山脚下也还有一个坝子，人们称为较场坝，据说是姜维率领将兵操练的演兵场。姜维城遗址让人们再次领略三国时代那段风云岁月。

姜维城遗址包含了新石器、汉代和宋代等时期的遗存。1921 年，人们在姜维城遗址发现有新石器若干件，2000 年和 2003 年又进行了两次发掘，共发现新石器时代的房屋居住面遗址 4 处、灰坑 30 多个，汉代夯土城墙墙基 1 处，宋代房屋基址 1 处，还有大量的陶器、石器、骨器等文物。而新石器时代彩陶文化遗址为研究岷江上游地区远古历史提供了新的实物材料。

4. 探谜岷江上游古墓——石棺葬

常璩《华阳国志·蜀志》有纵目人与石棺葬的记载：“有蜀侯蚕丛，其目纵，始称王。死，作石棺石椁，国人从之，故俗以石棺椁为纵目人冢也。”意思是说在古代蜀地第一位称王的首领蚕丛双目突出、眼睛较为独特，被拥戴为王。他死后，以石棺埋葬，他的墓葬被称为“纵目人冢”。老百姓也仿效这种做法。

岷江上游的石棺葬历来是学术界研究的核心。这种文化在我国西南地区，如汶川理县、茂县等处均有发现。石棺葬文化的出现，揭开了四

川甘孜、阿坝藏羌地区的历史新篇章。据不完全统计，康定、丹巴、道孚、炉霍、甘孜、新龙、白玉、雅江、巴塘等县均程度不同地发现了“石棺葬”，正式发掘的有三处。其中炉霍卡莎石棺葬群共发掘石墓276棺，出土文物千余件，是迄今为止我国西南石棺葬最大的一次发现和发掘。经国家文物局批准，2007～2010年，四川省文物考古研究院和日本九州大学联合对雅砻江流域的石棺葬文化遗存进行了调查，先后在炉霍宴尔龙、炉霍呷拉宗、雅江呷拉进行了考古发掘，取得重大成果，基本建立起雅砻江中上游地区的文化序列，同时将雅砻江流域的石棺葬年代提前到商周时期。关于岷江上游的石棺葬墓主的族属问题，争论很大。主要有以下几种观点：羌人说，他们认为“古代羌人支系繁多，分布极广，经济文化发展水平亦颇不一致”，因此不能排斥羌人中有实行土葬的；氐人说，他们认为“秦汉时代四川西北地区的土著民族，其社会和经济面貌与石棺葬反映相符合者，只有氐族一种”；月氏人说，他们认为“石棺葬的主人是西汉时被匈奴击败从甘青南下至岷江上游的月氏人”；夷人说，他们认为岷江上游地区石棺葬的主人为司马迁所记“其山有六夷、七羌、九氐”中的夷人。尽管石棺葬墓主的族属尚无定论，但有一点可以肯定，即羌族先民很早就生息在岷江上游地区。[①] 石棺葬文化因遗俗而停止，虽延续时间短，但却被大自然原封不动地保存下来，成为我们了解岷江上游羌族地区的古代文化和人民生活的重要资料。

5. 领略羌藏文化——古走廊

藏羌历史文化走廊既是民族多元文化荟萃的走廊，又是各种民族文化进行交流、互动并各自保留其固有特点的一个极具魅力的地区。如费孝通先生所言，该地区“沉积着许多现在还活着的历史遗留，应

① 《羌族简史》编写组，《羌族简史》修订本编写组．羌族简史．北京：民族出版社，2008：25～26.

当是历史与语言科学的一个宝贝园地”①。

古走廊所穿越的川滇西部及藏东地区是我国典型的横断山脉地区。岷江、大渡河、雅砻江、金沙江、澜沧江、怒江六条大江分别自北向南、自西向东地从这里穿过，形成了世界上最独特的高山峡谷地貌。

自史前以来，藏羌历史文化走廊就经历了各种历史族群以及不同文化的多次覆盖。正是各种文化的交汇，导致走廊呈现出文化多元化的特点。

这条走廊是沟通黄河流域和长江流域最早通道之一，因而是黄河流域文化和长江流域文化交流最早的通道之一。这条走廊是古代冲积平原农耕文明中心对其边缘进行政治经略②最早的对象之一。

同时，走廊还是历史族群活动最频繁、最复杂的地区，也是各种文化交汇、涵化、融合，造成多元文化色彩浓厚、文化因素异常复杂的地区。早在先秦时代，这条走廊在峰峦重叠、河谷深邃的群山峡谷中，不仅居住着若干少数民族，而且至今还保存着即将消失的被某一民族语言所淹没的许多基层语言，同时还积淀着许多至今还起作用的历史文化遗存，这些都还保留在他们的信仰、文艺、风俗、习惯等诸多方面。从石器时代至今，众多民族都在此留下了自己活动的实物证据，其内容之丰富丝毫不亚于中原地区。尤其是秦汉以后，大抵为氐、羌、戎、藏等历史族群活动区域。由于汉文化同期大量涌入，走廊生活的少数民族就和汉族发生了深刻的交流。早在先秦时代，走廊不仅有各种古代族群在其中活动，而且还有古汉语藏语系的各种古代族群在其中活动。作为藏彝羌文化分布地带，既处于藏文化的（东部）边缘，又处于汉文化的（西部）边缘，强烈地受到汉族文化和藏族文化

---

① 黄安年．茶马古道的历史文化价值与特点．中国网，http：//www.china.com.cn/aboutchina/zhuanti/cwh07/2007－09/14/content_8878536.htm.

② 政治经略包括军事征服、政治建制、官道设立等举措。

的双重影响，是走廊显著的人文特征。

这些宝贵资料，对于研究中华民族的形成与发展，研究我国西南地区民族的起源与迁徙、融合与分化，以及各民族的历史、语言、社会、经济、宗教、文化诸多方面具有极大的科研价值。

沿着藏羌历史文化走廊前行，沿途的民居样式、衣着服饰、民情风俗、语言以及房前屋后宗教信仰标志像走马灯一样变化着，让人目不暇接。“五里不同音，十里不同俗”，正是其文化多元性的集中体现。

二、如痴如醉的羌山美景

1. 风景绮丽的汶川三江

汶川三江生态旅游区位于阿坝藏羌自治州汶川县南部三江乡境内，因西河、中河、黑石河汇合于此，故称三江。在卧龙自然保护区的东南缘，距成都有一百多公里，交通便捷。

三江生态旅游区远离都市，谷深峡幽，风景绮丽。在此景区人们不仅可以领略蓝色的漂流河谷，五彩的海子流泉，更可以走进遮天蔽日的原始森林，与珍稀的奇花异兽亲密接触，还可以欣赏梦幻的流云霞光，浪漫的红叶白雪，斑斓的野花草原，好一幅生机盎然的原生画卷。特别是三江红叶，更是让人叹为观止。观看红叶最好季节是秋季，因为汶川三江是低海拔地区，红叶的时间比较久远。三江红叶的独特还在它绵延成百上千平方公里，红叶各处各有特色，而且层次分明。远观看起来是像色彩斑斓的油画，近看是一片亮丽而鲜活的生机，让人流连忘返。

另外，在三江地区存有中国特有的，世界最大的珙桐群落。珙桐是我国独有的濒临绝迹的孑遗植物，迄今已有一千多万年的历史。经历过第四纪冰川的浩劫，只有在地理条件非常好的情况下才能得以保存。因整个花型如白鸽展翅，被世界誉为“中国鸽子花”，当地盛传白鸽公主和珙桐猎人的忠贞爱情传说，珙桐也被当地人称为“爱情树”。

珙桐为珙桐科珙桐属，世界唯此一种，因而被誉为植物王国的“独生小姐”。国内其他一些地方虽然有分布，但是像汶川这样大面积的具有原始生态的珙桐林，至今尚属罕见。因为三江珙桐多的缘故，传说在抗日战争时期，日本人悄悄从三江运送几株珙桐幼苗回去，所以日本今天才有一千多万年前的树木中的“活化石”——孑遗植物珙桐。

2. 不复再现的古猿王洞

“天生西羌猿王洞，无限风光九黄山。”西羌九黄山猿王洞位于北川羌族自治县境内。据说很久以前，猿王带着众猿猴在此以洞穴为居，以野果为食，繁衍生息，故称之为猿王洞。

猿王洞景区由高山溶洞群、绝壁黄金栈道、险山茶亭、原始森林、古羌文化胜地等部分构成，是中国西南地区罕见的高山溶洞群，在猿王洞景区周围4平方公里范围内分布着23个各具特色的溶洞之一，它们是烟云洞、甘龙洞和鲢鱼洞等。猿王洞中有“串珠缀玉”、“珍珠白玉塔”、“石林秀色”、“瑶池洞天”、“绝壁石琴”等数百个格调不同的神奇景观，亦真亦幻。但令人叹息的是，古猿王洞在汶川大地震中损失殆尽。

3. 美如仙境的九鼎山

九鼎山位于四川省阿坝藏族羌族自治州茂县南新镇安乡境内，因有九峰像酒杯鼎而得名。九鼎山矗立于龙门山云海雾涛中，是一座静谧得令人无比神往的雪山，九鼎山以高山自然风光为基调，融奇山异峰、高山流水、峡谷溶洞、高山杜鹃、高山海子、古树森林、绝壁山崖、溪泉瀑布、珍稀动植物及历史遗迹、红军文化、宗教文化和民俗风情等绚丽多彩的自然景观和极具羌文化特色的人文景观。

九鼎山春季高山杜鹃层叠怒放，夏季漫山野花绚烂绽放，秋季可观五彩林，冬季可在阳光灿烂下赏白雪皑皑。在那里交融着阳光的炙热和雪景的炫目。蓝天、白云、雪山共同构成了九鼎山最壮丽华美的画卷。九鼎山面积宽广，海拔高，山顶积雪，盛夏不消。以九鼎山峰

向下延伸的部分，形成了不同的植被和地质结构，每一座山都以带状形分布着不同景色，无论是山顶白雪、裸露的岩石、高山草甸，还是以杜鹃为主的灌木林、原始森林都让人叹为观止。主要由水煮金沙、抓坪、二道坪、一碗水、立立爬、石门坎、鸡爪棚、鸡公山、黑龙池、白龙池等组成。九鼎山每一峰都直插云霄，给人一种“离天三尺三”之感。每逢晴天日出，峰顶霞光熠熠，有“九项朝霞”之美名，为古茂州胜景之一。

4. 中国国宝的理想乐园

提起卧龙国家级自然保护区，人们首先想到的是熊猫的故乡。其实，卧龙不仅是国宝的家园，还有多种珍稀动植物栖息其中。是我国建立最早、栖息地面积最大、以保护大熊猫及高山森林生态系统为主的综合性自然保护区。卧龙自然保护区位于汶川西南部，是国家级第三大自然保护区，是四川省面积最大、自然条件最复杂、珍稀动植物最多的自然保护区。传说在很久很久以前，卧龙是一个荒山秃岭，连鸟兽都难以见到，唯见一片灰黄，所以人们称为“黄土岭”。有一天，天王木比塔的九个女儿驾祥云到黄土岭耍的时候，看见黄土岭草木不生，鸟兽绝迹，很伤心，他们在最小女儿九妹的提议下，决定造福人间。她们各自施展法力把黄土岭打扮成人间仙境。后来天王木比塔惩罚了九姐妹，而且发怒使四十九条大河水倒流，眼看黄土岭要遭受灭顶之灾，九姐妹为了保护百姓化为九座山峰，使黄土岭百姓避免了灾难。现在卧龙地方仍然有九座并连的山峰，一座比一座高。远远望去，犹如倒卧的巨龙。大姐是龙头，九妹是龙尾。所以，人们便称这里为卧龙。

卧龙自然保护区创建于1963年，自建成后，面积逐渐扩大；1980年加入联合国国际生物圈保护区网，是中国第一个自然保护资源特别行政区；是2006年7月世界遗产大会批准列入世界自然遗产名录的“卧龙·四姑娘山·夹金山脉”四川大熊猫栖息地最重要的核心保护区。卧龙自然保护区以“熊猫之乡”、“宝贵的生物基因库”、“天然动植物园”享誉中外。

卧龙自然保护区地理条件独特、地貌类型复杂，风景秀丽、景型多样、气候宜人，集山、水、林、洞、险、峻、奇、秀于一体，还有浓郁的藏、羌民族文化。

第二章

社会组织与文化

第一节　羌族的社会组织

羌族地区古代社会制度随着社会变迁而发生变化，从早期的羁縻制度，到后来的土司制度、改土归流，再到清朝中叶以后在羌族地区推行“里甲制”。辛亥革命后，羌族地区也逐渐陷入了军阀统治，随后国民党在羌族地区统治得以确立。新中国成立后，羌族人民终于当家作主，国家随后在当地推行民主制度。本节重点介绍土司制度下的羌人社会和民主制度下的村民议事。

一、土司制度下的羌人社会

1. 土司对羌人的奴役

土司制度亦称“土官制度”。“土司制度”是封建王朝统治阶级用来解决西南少数民族地区的民族政策，其意在于羁縻勿绝，仍效仿唐代的“羁縻制度”。政治上巩固其统治，经济上让原来的生产方式维持下去，满足于征收纳贡。因此它是从政治和经济两方面压迫少数民族的制度。[①] 统治者推行土司制度，其目的是“以夷治夷”。土司制度在唐宋时期称羁縻州制度，由中央王朝委任当地首领为府、州、县的文职土官。元朝加强了军事统治，设置宣使、宣抚使、安抚使、招讨使、长官司等武职土官。明沿袭宋、元制度，并进一步完备了土官的考核、任免、贡纳、征调等制度。

土司制度最早在元代已肇其端，当时在岷江上游羌族地区置有：松潘宕叠威茂等处军民安抚使司。设达鲁花赤一员，安抚一员及同知、佥事等。

土司制度经过元朝的发展成熟，到明朝时得以全面确立。

土司制度确立后，中央政权与地方民族政权的联系更加紧密。明朝初期在羌族地区的行政设置是：茂州领汶川县，威州领保县（今理县），龙安府领平武、江油、石泉（今北川羌族自治县）三个县。与此同时，明朝政府还在岷江上游设置了平羌将军都督府，设置了平羌将军御史，以便镇守松潘、威、茂及其周边地区，而都督总兵则镇守威、茂一带，松潘镇守都指挥巡视威、茂。宣德年间（1426 年～1435 年），设置了布政司布政使。正统年间（1436 年～1449 年），设置都御史管理地方事务。成化年间（1465 年～1487 年），设立兵部侍郎镇守松潘、威、茂一带，后来改设为都御史，管理地方军事事务。设立布政司参议，管理粮食储备事务，驻守在茂州，兼管松潘。按察使司副使驻守松潘，兼管威、茂。弘治年间（1488 年～1506 年），撤销参议一职，专门设立官职整顿管理威、茂等处的地方军事事务，兼管地方粮食储备事务。设立协赞游击将军，驻守在叠溪，专门负责围剿贼寇。与此同时，还建造了关卡、堡垒、墩台共一百二十处，“戍守在当地的官兵、少数民族军队及其他各种军事人员一共一万四千二百五十二员名，储备的粮米超过二十四仓粮米一十万三千九百一十七”[②]。这些都是中

① 黄现璠，黄增庆，张一民．壮族通史．南宁：广西民族出版社，1988.

② 《羌族简史》编写组，《羌族简史》修订本编写组．羌族简史．北京：民族出版社，2008：32～33.

央政府军事威慑的措施。

土司要受所在地方政权的节制，每年缴纳粮赋，但数量不多。如静州长官司，所辖 248 户，年认纳麦 13.9 石。陇木长官司，辖 267 户，年纳黄豆 36.5 石，黄腊 36 斤。岳希长官司，辖 150 户，年纳荞麦 8.963 石。对内、对外战争中央王朝更多地利用土司军队为其服务。

土司制度确立后，羌族人民头上就有了双重统治，一个是封建王朝系统从中央到地方的各级官吏，另一个是本族的统治阶级——土司、头人。由于封建王朝主要是通过土司来进行统治，所以土司就成为羌族人民直接的统治者。土司为了巩固其统治地位，他们在封建王朝的支持与认可下，建立了一套规章制度设有衙门、监狱以及土差、士兵，还可以自定法制规章，即所谓的“土规”、“土律”①。

2. 羌人反压迫的斗争

土司制度确立后，当地羌族百姓承受着封建王朝和本族土司的双重压迫，具有反抗精神的当地羌族百姓，将他们的斗争矛头对准了本族土司，指向了封建王朝。

羌族人民反抗本族土司的斗争，从明清以来就未曾间断过。明朝万历（1573 年～1620 年）年间，茂州北路白泥寨等地的羌族百姓，被本族统治阶级强迫与汉族统治阶级作战，于是围攻并杀死了他们的酋长阎卜利儿等数十人，从而结束了这场汉、羌两民族之间的战争。清朝雍正十三年至乾隆九年（1722 年～1744 年），在三齐地区（即今茂县曲谷乡和三龙乡）一带 36 寨的羌族百姓，因为对瓦寺土司的残酷压榨不满，联合起来进行反抗，并且派出代表到成都等地控告，反抗斗争持续了九年之久。清朝政府一方面为了削弱地方土司的实力，另一方面为了缓和与当地百姓的矛盾，最终撤销了瓦寺土司对这些地区的管辖权，把这些地区直接划归于茂州地方政府管理。三齐地区的“脱

---

① 《羌族简史》编写组，《羌族简史》修订本编写组．羌族简史．北京：民族出版社，2008：34.

土归州”是对残暴的土司制度的沉重打击，在当地影响深远。清朝嘉庆年间（1796～1820年），汶川县簇头村的百姓联合起来烧毁了高姓土司的衙门，并且将高姓土司全家杀死。当地其他土司的势力，例如沙坝苏姓土司，牟托温姓土司及岳希坤姓土司，也都在当地羌族百姓的顽强斗争下逐渐走向衰弱。清朝初期，土司制度在羌族人民的反抗斗争下，逐渐走向崩溃的边缘。特别是明末张献忠起义军攻入川西之后，羌族人民亦起而响应，威州龙溪、蒲溪、大溪等三寨羌民接受张献忠颁发的印信，并和灌县的起义军互相配合，大大震撼了封建土司及地方官府的统治，当张献忠起义军失败之后，羌族人民继续抗击清军。

由于土司的势力逐渐强大，与中央王朝发生矛盾，威胁到中央王朝的统治，清王朝因此推行了改土归流，即废除世袭的土司制，代以封建王朝的州县流官直接统治。羌族地区经清乾隆至道光一百年来的改土归流，土司制度基本结束，大部分地区的社会经济已完成了由封建领主经济向封建地主经济的转变，但是得以保留下来的少数土司，继续压榨当地少数民族，羌族人民和其他少数民族人民反抗土司头人的斗争，一刻也没有停止过。

二、民主制度下的村民议事

新中国成立前，舵把子、族长制等是羌族传统社会的主要议事制度。而清末民初直到1935年，羌族地区大多实行团总制的统治。团总所管辖范围相当于乡，其下设有保正，管辖范围相当于村，每寨还有乡约，负责召集修桥补路之事。这种统治制度实质上是当地汉、羌地主阶级的联合统治。团总往往由汉族地主当权派担任，而保正、团首则由当地羌族地主、富农充当。乡约一般由每户轮流担任，并无权力。1935年长征红军路经该地以后，国民党反动派的势力伸入羌区，普遍建立保甲制度。乡、保长仍由汉、羌地主阶级担任，甲长则由较富裕

的农民充当①。

当然，族长制依然有影响，例如，阿尔村巴夺寨则是家族势力非常大，任何外来的行政命令如果不通过几个大家族族长的同意都难以实行的，所以，在实行保甲制的同时，族长制仍然保留着，其代表人物是“大爷”②。

新中国成立后，充分发扬民主，羌族人民才真正当家做了国家的主人，国家在羌族聚居地区实行民族区域自治制度，1958 年 7 月 7 日建立了我国第一个羌族自治县——茂汶羌族自治县。同时，在羌族地区大力推行民主选举制度，保障羌族人民当家做主。

1. 村民的民主议事

村民民主选举村委会的做法形成制度，四川省汶川县阿尔村就是其中的一个典型。

阿尔村的民主选举是严格按照《中华人民共和国选举法》进行的。民主选举一般在每年的 12 月份，全村年满 18 岁的公民都要求参加。民主选举由县上和乡政府委派的 5 个人及上届村民委员会共同组织实施。选举领导小组由乡政府指定三人（书记、会计、人大代表）和乡政府片区主管 4 人，共 7 人组成。选举先由村上的村民代表提出提名名单，在提名名单中票数过半数的人员成为正式候选人，公布候选人名单后，在村里的公告栏公告一星期。一星期后在巴夺寨的村小学召开村民大会，公布最后的候选人名单。会后各个小组的代表将选票带回本小组，在本小组的村民中实行流动投票。投票后，将投票箱带回到村民大会上，由村民代表计票，由村委会和乡政府监督。按照规定，计票人乡政府 4 个人，村代表 4 个人。计票结束后，公布投票结果。新任的村委会领导要上台进行演讲，发表自己的任职演说。

① 冉光荣，李绍明，周锡银. 羌族史. 成都：四川民族出版社，1984：270.

② 张跃. 中国民族村寨研究. 昆明：云南大学出版社，2004：5.

在羌族地区各个村寨普遍实行村民议事制度。村民议事会由村民代表组成，村民代表经民主选举产生，具体数量按人口比例确定。村民议事会由村民委员会负责召集和主持，一般定期召开，必要时候可以随时召开。这充分体现了羌族人民当家做主的意愿。

2. 村社的村务管理

羌族的村务管理也是通过选举的村委会来执行。比如阿尔村的日常村务管理是由村长和会计负责。对于村寨的管理情况，在生产队集体化的年代，村里实行集体劳作，村里的收入和支出都统一地记录和管理。所以每个小组的成员每月要找一个家庭作为场所开会，公布劳动和收入的情况，村里也要在年终搞一次大公布。村委会的财务款项在公告栏里要按月公布。1984 年后，村委会的财务全部由乡政府上农经站管理，村里没有了财务管理权。财务没有公开，只有村干部才知道，村民对此意见非常大。1994 年财务重新下放到各村后，财务重新在公告栏公开。

在当代民主政治制度下，"民主"意识更加深入人心，羌族人民参政议政的意识增强。民主政治制度也给予村民更多的参与权，村民对于村里的事情可以发表意见和建议，这有利于羌族村寨的建设，有利于羌族人民生活水平的提高。

第二节 神秘的"释比文化"

羌族文化中具有代表性的文化是"释比文化"。古羌是甲骨文中唯一一个以族群称号出现的民族，也是一个直接与中华民族根脉联系在一起的民族，在今天，我们还能不时看到中华文明初始时期的童年身影。

一、神秘莫测的释比文化

释比是羌语，民间祭司的一种称呼，汉语称为端公，是从事宗教

活动的神职人员。释比又称“许”，羌人称为“阿爸木纳”、“阿爸许”。羌族的“释比文化”如同彝族的“毕摩文化”、满族的“萨满文化”一样，有重要的价值。

1. 释比文化的传承人物

释比是羌族传统社会中固有宗教的传承人，既负责主持祭祀法事活动和各类婚丧嫁娶、修房造屋等活动，也是羌族社会中知识的拥有者和传播者，他们在主持各类活动时传播羌人历史、社会演变、天文历法、道德伦理、为人规范、生产技能、生活知识……这种现象被称为“释比文化”。由于羌族没有文字，释比经典一直无文字记载保存，羌族文化就是由民间经师释比这一特殊的载体，以经文说唱、祭祀歌舞等形式，世世代代在民间传播。

羌族，崇拜祖先、信奉“万物有灵”、以白石为表征的多神崇拜。释比文化就是在这一民族历史进程中逐渐产生形成的，这种文化呈现出一种远古原始朴素的气息，又闪烁着现代文明认同的迷离光影。释比在羌族民众中拥有很高威望，“释比”只限于男性担任，并可成家。他们没有宗教性组织或寺院，但必须供奉历代祖师和“猴头童子”。金丝猴是“释比”的护法神，供奉的祖师爷使用的猴头法器，头戴的猴皮帽，均与金丝猴有关。跳神的步法，通常是两脚紧并，上下左右跳跃，也是模拟猴的动作。其法事技艺，除少数为父子相传外，

羌族老释比　（贾银忠摄）

一般为从师三年所学，教授时全凭口传和在实践中学习①。

2. 释比文化的独特魅力

羊皮鼓　（贾银忠摄）

羌族释比经典、技艺、其唱经的完整内容和法事程序、作法等都是由老释比口传心授、代代相传。羌族释比文化的起源，与羊皮鼓有着密切的关系。相传在很多年以前，羌族是有文字的民族，但都记载在一本经书上，这本经书被一个叫“阿爸锡拉”的羌族先祖掌握着。有一天，“阿爸锡拉”躺在一棵树边休息时睡着了，一觉醒来，发现经书没有了。一只金丝猴告诉他，经文被山羊吃掉了，并给“阿爸锡拉”出主意说，只要把山羊杀了，用羊皮做成鼓，敲一下鼓，就会想起一句经文。为了传承文化，“阿爸锡拉”会经常手持羊皮鼓，戴着猴皮帽作法。这位“阿爸锡拉”就是后来羌族释比的祖师。他的后代释比，一直担负着羌族文化传承的重任，是羌族社会文化知识集大成者。同时，释比还是通达神界鬼蜮的使者，在羌民中有很高的地位。

释比在作法事和主持仪式时，都会穿戴不同的服饰，其中最具有特色的是释比头戴金丝猴皮缝制的帽子，帽顶呈“山”字形三个凸峰，象征雪山，它会给羌人带来光明、战胜黑暗。三个凸峰从左到右，分别代表黑白分明、天 、地。

释比固有的法器如羊皮鼓、神棍、响盘等有 30 多件，法器如神旗 60 多种，草扎茅人，各类树藤编制的各种动物 30 多种，荞面塑的各类

① 《羌族简史》编写组，《羌族简史》修订本编写组．羌族简史．北京：民族出版社，2008：194.

飞禽走兽40多种。从释比现场制作的法器过程中可以看出，释比有着丰富的知识和高超的编制、剪纸和面塑技艺。

释比在建筑、冶炼和手工艺等方面也有着高超技艺。如耸立千年的石碉，传承至今的冶铁技术以及巧夺天工的手工艺都证明了释比不仅是羌民族的宗教领袖，还是羌民族的工艺美术大师。羌族释比是羌文化的传承者，释比文化是羌文化的大百科全书。羌族释比的经典，往往成为羌民自愿遵从的民间法典。而羌族释比图经《刷勒日》[①]（羌语音译），则是释比文化中最为绚丽、最为丰富、最具神秘色彩的一道风景线。

羌族图经　（贾银忠摄）

二、闻名遐迩的歌舞文化

羌族歌舞文化源远流长、十分丰富。羌族把他们的歌舞叫做“萨朗”。这其中还有一段动听的传说。据说，“萨朗”原是天上一位美丽的女神的名字。女神能歌善舞，她看到羌族男女终日辛勤劳作，决定教会羌民歌舞。于是，“萨朗女神”在五月初五降临人间教羌民歌舞，羌族成了能歌善舞的民族。从此，羌族人民无论节日或婚丧嫁娶，都要载歌载舞。

---

①　据《川图导报》2005年6月总第45期的报道：“目前，阿坝州图书馆地方文献研究室，从茂县沟口乡羌寨成功搜录了《羌族释比图经》(即《刷勒日》)。该图经系麻质涂白彩绘折叠书牒，约100幅……内容涉及羌民吃、穿、住、行，婚、丧、嫁、娶，是一部内蕴神秘文化色彩的‘百科全书’，目前在羌区可能属‘独一无二’的孤本，是民族文化的当然瑰宝。”

羌族歌手　（贾银忠摄）

1. 尔玛情歌

情歌，羌语称为“柔西”。因羌族人自称“尔玛”、“尔麦”、“日麦”等，故羌族情歌也被称为“尔玛情歌”。尔玛情歌有羌、汉两种语言的演唱形式，是反映男女爱情生活的民间歌谣，是羌族人民的美好心声的展现。内容丰富多彩，有试探歌、赞美歌、求爱歌、定情歌、热恋歌、思念歌、盟誓歌、失恋歌等种类，反映了羌族男女青年从恋爱到结合的全过程。对于一个没有文字的民族来说，爱情主要是通过羌族青年男女在蓝天白云之下，在山林沟谷之中的纵情歌唱来表达和传承的。

羌族情歌是四句或多句组成，按一定曲调唱。歌词随心创作，自

成一格，节奏缓慢，旋律优美，使人迷醉在歌谣里。

请听：

（女唱）羌族情歌不可量，
堆成山冈堆成河，
无粮无瓮不成酒，
无郎无妹不成歌，
情歌出自心窝窝。
（男唱）唱起情歌话更长，
情歌好唱要人帮，
我唱情歌请妹接。
你一板来我一腔，
歌如流水人成双。

又：

（女唱）羊角花开满天红，
声声情歌冲云霄，
鸳鸯本是自天成，
哪怕忍心割不断。
（男唱）玉米包包不离杆，
天燕成双飞向窝，
姑娘情思如蜜甜，
阿哥倾心献真情。

关于羌族情歌的历史，羌族民间相传，羌族有代表性的古老情歌之一是《纳吉纳娜》。“纳吉”男，“纳娜”女，二人之间坚贞的爱情故事是羌族人民追求美好生活的象征。随着历史的不断发展，“纳吉、纳娜”不再单指爱情故事，而成为羌族民歌的代名词，无论是情歌、酒歌、颂歌、悲歌，还是劳动歌，开头第一句便是“纳吉、纳娜啊唱起来”，“不唱纳吉、纳娜心不爽”等作为羌族民歌开场白。因而，羌族情歌也总是要以“纳吉、纳娜”作为歌头。

2. 酒歌

酒歌，羌族民歌里特有的一类传统歌曲，有的地方叫“唱酒戏”、“唱酒曲子”，一般逢年过节或婚礼、生日喜庆之时演唱。主要形式有排坐引酒时的主客合唱或轮流对唱，多以羌语演唱。如《开坛酒歌》，由德高望重的寨老领唱，众人合唱或宾客齐唱。唱《开坛酒歌》必须按羌族传统礼仪排坐，围住咂酒坛子，由长者致祝酒词后开唱。传统酒歌大多节奏缓慢，旋律优美，音域不宽。此外，情绪激昂之时，歌者还可以演唱部分与饮酒环境及宾客有关的民歌，前提是必须顾及饮者中每一个，尤其是辈分较高者，所唱之曲必须庄重、严肃，以尊重长者为前提。如无长辈，则可演唱一些幽默诙谐的曲调。最著名的酒歌有《西呀拉沙》、《哦纳依哟》。

羌族金花　（贾银忠摄）

3. 羌族舞蹈

羌族的舞蹈形式多种多样，舞姿优美，最主要的有“跳萨朗”、

“跳盔甲”（又名铠甲舞）、“跳皮鼓”和“兰干寿”等。“跳萨朗”分丧事时跳的“忧事萨朗”和节日时跳的“喜庆萨朗”。“跳萨朗”在羌族中最为流行，“跳萨朗”因舞蹈活动大多在室内的锅庄旁边进行，故又称“羌族锅庄”。“跳盔甲”是一种传统祭祀风俗舞，富于浓郁的民族风格。“跳皮鼓”原是宗教舞蹈，舞姿矫健、激烈。

从这些舞蹈的源流来看，多来自宗教艺术，许多动作还保留着一部分原始舞蹈中的“以舞娱神”的古朴风格。羌族民间舞蹈除自娱和祭祀的形式外，还有一些模拟动物、植物表现劳动状况的象形舞蹈和与古代战争有直接关系的军事性舞蹈。

三、源远流长的羌笛文化

提到羌笛，普通人都会忆起唐代诗人王之涣那句苍凉的边陲名诗“羌笛何须怨杨柳，春风不度玉门关”。羌笛是羌族特有的民族乐器，有着几千年的历史。在这几千年的历史中，羌笛已经深入到每一个羌族人的心里，俨然和羊头一道成了这个民族的重要文化表征。羌笛作为羌族文化艺术的一部分，代表着羌族这个族群的灵魂。2006 年 5 月 20 日，羌笛演奏及制作技艺经国务院批准列入第一批国家级非物质文化遗产名录。

1. 流传久远的羌笛传说

相传，羌笛系秦汉时游牧西北高原的古羌牧人所发明，故名羌笛。羌笛的确切起源无从辨别，后人只能从极少的史料、遗存和更多的传说去考证。

传说之一：最早，羌人以农牧为主。西北草原多鹰等猛禽，常来叼走羌人放养的羊，令羌人恼恨。他们捉住老鹰后，在它的翅膀或腿骨上取毛、钻孔以泄愤，还把这些鹰骨拿来策马扬鞭。后来不知哪一位牧人，某天无意间将野草插在孔里，结果风灌入鹰骨之中，迸发出

吹羌笛的四川茂县羌族女孩　（聂鸣摄）

呜咽的声音。放牧人效仿吹奏，这便产生了最原始的羌笛。

传说之二：浪漫而动人的爱情故事。史前一天，上天派了两个人，一男一女，男子叫杨宝，女子叫歌布，一个在河西，一个在河东，河水滔滔，险而急。河西的杨宝就吹着如今的羌笛，河东的女子吹着口弦，二人对着浪漫的歌曲，彼此十分爱慕。由于水流湍急，彼此无法到对面去，于是，他们溯流而上，最后终于在一个小沟处相会。从此地球上有了更多的人，羌笛和口弦也就流传至今。

2. 引人入胜的羌笛旋律

羌笛是古老的乐器。最初的羌笛是用羊腿骨或鸟腿骨制成。早期的骨笛是一物二用的，既可当吹奏的乐器，又可作策马的马鞭，所以又叫“吹鞭”。西汉以前，羌笛只有三孔或四孔，后由一乐人加了一个最高的按孔，才有了五个按孔。从此，羌笛便能奏出“宫

羌族口弦　（贾银忠摄）

商角徵羽”全五音。

后汉马融在《长笛赋》中介绍了羌笛的历史和发展：

近世双笛从羌起，羌人伐竹未及已。
龙鸣水中不见己，截竹吹之声相似。
剡其上孔通洞之，裁以当篴便易持。
易京君明识音律，故本四孔加以一。
君明所加孔后出，是谓商声五音毕。

而近代流行于四川羌族地区的羌笛，是一种六声阶的双管竖笛，需用特殊的“鼓腮换气法”，不断地吹奏。多独奏，主要用于喜庆丰收、欢度节日、婚丧嫁娶、劳作之时。羌笛音色明亮柔和，哀怨婉转，悠扬抒情，是羌族声乐艺术与自然崇尚的完美结合。

羌笛作为古老的民族乐器，旋律所及能吹奏高原情调、大漠风光，并能表达出娓娓动听、无限缠绵的乡情恋歌，因此成为汉唐时代宫廷音乐的组成部分，并被应用到军旅生活方面。如唐朝诗人王之涣在《凉州词》中写道：“黄河远上白云间，一片孤城万仞山。羌笛何须怨杨柳，春风不度玉门关。”唐朝诗人岑参在《白雪歌送武判官归京》中写道：“中军置酒饮归客，胡琴琵琶与羌笛。纷纷暮雪下辕门，风掣红旗冻不翻。”

羌笛吹奏的曲子大都较幽怨，那小小的笛管里包含了人世间的许多悲情和一个民族流浪漂泊的苦难与生存的艰辛和顽强。

羌族具有代表性的民间乐器，除羌笛外，还有口弦及羊皮鼓。

四、叠彩纷呈的民间文化

1. 英勇善战的黑虎将军

据传，明朝嘉靖年间（1522～1566 年），在位于四川省茂州羌城西北的黑虎峡谷，居住着一个名叫格鲁丛宝（汉名杨文武）的羌族孤儿。黑虎峡谷的羌民们看他孤苦伶仃、无依无靠，对他百般照顾。一天，同族的长辈对他说："孩子，人不出门身不贵，火不烧山地不肥。你已经长大成人了，应该去外面见见世面了。"

于是，格鲁丛宝背上行囊，告别乡亲，走出了黑虎峡谷。他决心凭着自己的勤劳和智慧去闯天下。后来，他学到本领回到黑虎峡谷，带领乡亲们过上了幸福的日子。

然而，天有不测风云。一天，七千清军精兵血洗了平静的黑虎峡谷。羌寨首领被杀，黑虎羌族的男儿血流成河，尸横遍野。面对如此血雨腥风，格鲁丛宝决定带领羌民们英勇抗敌。年仅 16 岁的他骁勇善战，组建了一支羌威民防团，制作了滚木、雷石、弩刀、毒箭及杀伤力极强的火器，并在黑虎鹰嘴河山梁、河谷台地等峡谷两岸建造了抵抗外侵、坚固易守的异形多角群碉 88 座。白天，他带着羌民们隐蔽到后山树林里，吹响牛角号，在铁桶里放鞭炮，震得山鸣谷应，清兵听到响声惊慌失措，不敢靠近；到了夜里，他又组织羌民们在树枝上点燃云顶香，吸上兰花烟，清兵看到整个树林里火星点点，闪闪烁烁，继而又闻到飘来的阵阵兰花烟的香味，以为这神秘莫测的黑虎峡谷里，隐藏着无数的壮士，吓得手脚发麻、魂不附体。格鲁丛宝还命人将一双一尺二寸长的椴木皮制成的草鞋和六尺长的麻布衣裳丢在路上迷惑清兵，让他们以为有巨人出没，致使清兵不敢轻举妄动，慌忙撤退。就这样，格鲁丛宝利用机智的头脑，战胜了不断进犯的清兵，确保了黑虎峡谷羌民们的生命安全。从此，父老乡亲们都亲切地尊称他为"黑虎将军"，把他居住过的黑虎峡谷也称为"黑虎寨"。那年他才 19 岁。

黑虎将军 22 岁时，农历四月的一天，鸡鸣时分，他起床查夜，惨遭被清兵买通的歹徒的毒箭暗算。噩耗传来，整个黑虎寨的羌民们异常悲痛，举家前往拜祭。按照羌人风俗，如果死者属非正常死亡，其

尸体不能进屋，且必须进行火葬，也就是“人死无棺”、“贵贱皆焚”、“燔扬其灰”。但黑虎将军牺牲后，黑虎寨的儿女怀着敬仰的心情，在太阳最后的一抹余晖消失时，含泪把他埋葬在了黑虎寨碉楼边那片茂盛的兰花烟地里，让他与青山相伴。

为了纪念黑虎将军的丰功伟绩，黑虎七族在不同村寨建起了7座庙宇，每座庙里都塑上和将军等大的泥胎金像。从那以后，在茂州羌城的黑虎寨，每年农历四月初八（黑虎将军诞辰日）都要请来羌族释比占卜打卦念经，超度亡灵。羌民则焚烧兰花烟，点燃香烛、纸钱和云顶香，以示纪念。黑虎七族所有女性自生至死，都要头戴一顶用白布做成的留有两端尾翼的虎头孝帕，成年男子则头裹青纱，据说要戴一万年。就是为了悼念这位骁勇机智、不畏强暴，为捍卫家园而英勇牺牲的羌族英雄，羌族群众称此孝为“万年孝”。

黑虎羌寨妇女的“万年孝” （贾银忠摄）

2. 浪漫神奇的口头文学

羌族没有本民族的文字，因此，流传于人民群众中的口头文学在羌族文学中占有重要的地位。它主要是依靠羌民世代口授和长期歌唱而传承的。羌族丰富的口头民间文学，其表现形式有浪漫主义或现实主义的优秀民间故事，包括传说、神话、寓言等，有独具民族特色、优美动人的各种民歌，包括前文提到的情歌、酒歌等。

除前文提到的最著名的史诗《羌戈大战》，较为著名的还有《木姐珠与斗安珠》、《泽其格布》。《木姐珠与斗安珠》也是叙事长诗，记叙了一位人间的青年与仙女恋爱的故事。故事向人们展示了羌族古代神话中人与神、神权与反神权复杂的斗争场面，表现了劳动人民对神权、天命的大胆挑战，真实地反映出羌族男女反抗封建包办婚姻的斗志，热情地歌颂了羌族人民的勤劳和智慧。从内容上讲，它称得上是一部优美的叙事长诗；从社会效果和历史影响来看，它还具有浓厚的神话史诗色彩，对羌族族源、社会历史发展的研究都有较高的价值。《泽其格布》对发动战争的泽其格布极力规劝、谴责，体现了羌族人民维护民族团结的传统美德，反映了羌民族热爱和平、反对非正义战争的呼声。

除上述两部史诗外，羌族民间还有神话传说《黄水潮天》、《九顶山的来历》、《人的由来》、《蒙格西送火》、《大地的形状为什么不同》、《白石神》（与《猎人海力布》情节很相似）、《粮食的来历和丢失》、《山沟和平坝的形成》等，寓言故事《小鸡报仇》、《荞子和麦子》等，人物传说《黑虎将军》、《打蟒英雄苏蟒达》、《阿巴格基》等，幻想故事《普格错降雨》、《咩咩格兜吉物》、《木巴奈何不得五兄弟》等，地方传说《萝卜寨的传说》、《禹背岭》等，动植物传说《豹子出世》、《若摆求婚》等，民间工艺传说《口弦的传说》、《羌笛的来历》等，风俗传说《尕尔补洞》、《羌族碉房为什么修三层》等，宗教传说《端公戏道士》、《释比成仙》等，民间降妖故事《牟和热》等，此外，羌族还有诸如《萨朗姐》、《玉花姑娘》、《木依和格基》、《“衍经足”和“眼睛足”》、《后悔的火鸡》等民间传说故事，表达了羌族人民对美好生活、爱情的向往与渴求，还有《龙坪事件》、《十个红军歼敌一个营》等革命战争传说。

第三节　羌人的衣食住行

羌族文化博大精深，羌人的衣食住行都赋予了他们特有的文化内涵。

一、美丽的羌族服饰

1. 闻名遐迩的羌族刺绣

“此情有景道不得，羌姑刺绣在前头”，这句诗描写的就是羌族的刺绣工艺。刺绣是我国的传统民间工艺美术样式，也是民俗文化中独具特色的组成部分。可以说，羌族民间刺绣是羌族文化的形象载体，是这个历史悠久的民族的风俗习惯、生活方式的直观性、审美性的象征表现。刺绣作为羌族传统的民间工艺美术，是劳动人民艺术的结晶，是民族艺术中的一朵奇葩。

羌族刺绣又称羌绣，早在明清时代已经在羌族地区极为盛行。挑花制品，材料为粗布、棉线，多为黑底白纹，色彩对比强烈，醒目而调和，质朴而敦厚，有浓烈的装饰图案美。

羌绣的用途主要是用来装饰衣裙、鞋子、飘带、背带、头帕、腰带、袖套、裤子、鞋垫、枕巾、手帕、衣边、衣袖口、裤管、鞋帮、香包等。是在织物上用针穿引各色彩线所绣出的图画。羌族服饰上的各种绣片花纹图案，都属于羌族传统民间工艺美术的范畴，有着悠久的历史。从生产方式上说，羌绣是以家族的个体方式进行生产，并传承沿袭的。它是羌族人自己创造的艺术，凝聚着他们的

羌族头饰　（贾银忠摄）

智慧和匠心。羌绣作品既有程式化规范，同时又充满自由想象。

羌绣的图案，题材广泛，源于自然，来自生活。劳动人民受大自然的熏陶，长期观察自然景物，如日、月、山、川、飞禽、走兽、花鸟、虫鱼，加以体会揣摩，产生了线条、颜色和节奏等灵感。所以很自然地在图案中摄取这些景物为素材，通过模拟、提炼、概括，使之规则化、艺术化、抽象化，从而再现了自然与生活。可以说羌族刺绣把审美形式与功能二者完美结合，充分凝聚了羌族人民对生活的祈祷和祝福，更反映了他们超越现实的梦想。①

如今羌绣已经被视为羌族服饰中的珍品，羌绣的发展技术也日益精湛，独具特色。现代羌人制作的马鞍、耳环、手镯、帽花、各种挂饰、佩饰及石雕、木雕、漆器、织毯，尤其是挑花、刺绣等民间工艺，远销国内外，也被国内外游客所青睐。

2. 独具特色的"云云鞋"

羌族人民长期生活在高山峡谷之中，因为远远望去，好像在云中，故有"云朵中的民族"之称。云给了他们灵感，他们将云绣在鞋（袖口、衣襟、裤管、头帕）上，将云踏在了脚下，每一步都走在云中，过着云上的日子。这就是云朵中的羌族，以她那神奇、灿烂的文化居住在深山幽林之中，享受着白云特殊的关爱与呵护。

云云鞋

（图片来源：《民族画报》资料）

羌族的"云云鞋"，则是"云朵中的民族"文化的典型代表，是最

① 周锡银，刘志荣．羌族．北京：民族出版社，1993：74.

具特色的绣花鞋。其形似小船，鞋尖微翘，面上绣有云纹图案，故有“云鞋”、“花鞋”或“勾尖布鞋”之称，是羌民在平日里非常喜爱的服饰之一。羌族未婚男子和姑娘穿绣花彩鞋，以蓝、红、黑、绿为底色，彩色花卉为图案。中老年人则穿素色圆口布鞋。鞋底不能用胶底，用白、黑、红三色棉布或绸缎制成，最外层为白色，上面的针脚不能缝制得太密，在后跟和脚掌部位，有素雅的花纹图案。这类布鞋的鞋底极为厚实，以麻线缝制，有的夹胶底，舒适耐穿又防止走山路滑倒。可见，“云云鞋”的制作工艺要求极其严谨，不但具有实用价值，还具有相当高的艺术观赏价值。

关于“云云鞋”还有一个美丽的神话传说。据说很久以前，在羌族地区一个湖泊中有位漂亮的鲤鱼仙子，她用天上的云朵和湖畔的杜鹃花绣出了一双漂亮的云云鞋，她喜欢上了一位赤脚的牧羊少年，就把这双云云鞋送给了这个小伙子，他们后来成了一对幸福美满的夫妻。后来羌族儿女把“云云鞋”作为十分珍贵的礼物送给心上人，以表示对对方内心无限的深情和爱慕，“云云鞋”也表达了羌族人民对美好生活的向往和祝愿。

3. 形式多样的羌族服饰

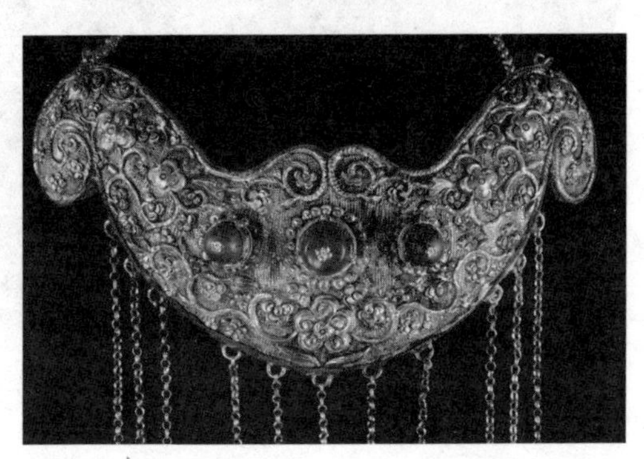

羌族饰品　（贾银忠摄）

羌族的服饰，大致可以分为三种类型：第一类为传统型，这是羌族最古老、最普遍、最有特色的服饰，因地区不同而略有差异；第二类为变异型服饰，主要分布在民族杂居区，如羌藏、汉羌杂居地，服饰相互借用现象多；第三类则是汉装，主要分布在经济较为发达，交通沿线的河谷地带。其中，汶川县的龙溪、绵虒、雁门，茂县的赤不苏、黑虎、三龙、渭门，北川羌族自治县的青片、松潘的镇坪等地的传统服饰具有代表性，各具特色。

装饰上，女性普遍喜戴银牌、领花、耳环、手镯、戒指、发簪。有的还在戒指上镶嵌玛瑙、玉石及珊瑚，有的胸前挂链珠和椭圆形的“色吴”，色吴是用银丝编织的花和珊瑚组成，用来祈求佑福增寿。发簪往往是已婚女性用，为嫁妆或婆家赠与之物。腰刀、烟袋、铁火镰则为羌族成年男子的特有装饰，以显示他们的成熟、威武和勤劳。①

羌族女性服饰 （贾银忠摄）

羌族男女有束腰带习惯，腰带是羌族服饰不可缺少的配件之一。腰带缝制考究，用白布或红布整幅缝制，长约280厘米，带头两端挑绣各长33厘米的挑花和绣花图案，饰以流苏。腰带上挂银吊饰、小

① 耿静．羌乡情．四川巴蜀书社，2006：59～62.

刀、火镰、烟斗等物。火镰是男子随身携带之物。羌族男子使用裹兜，又名裹肚。裹肚用35厘米见方的双层蓝布或黑布缝制，呈三角形，挑绣大朵花卉。裹肚用以存放钱物或烟草，捆在腹部有护腹保暖作用，特别是存放贵重物品贴身捆在腰上较安全妥帖。

羌族男女皆穿长衫，开大襟，形似旗袍，男衫长过膝盖，女衫长稍过腿。长衫外套一件羊皮背心，俗称“皮褂褂”，晴天毛向内，雨天毛向外防雨。还有一种背心是羊毛毡做成的。下装穿长裤，用白麻布或蓝布制成，裤脚贴花边，花边用红、黄、绿、蓝、紫各色布拼接成图案。

羌族服饰中，最具特色的莫过于羊皮坎肩，汉人又叫做背心或马甲。不少民族都爱在服饰上显露自身的尊荣。如《越绝书》中说“越人断发文身，以像龙子，以示尊容也”。所谓“厥初民生，实为羌（姜）嫄”。羌以羊为图腾，是羊妈妈的女儿，故以羊为尊，以把自己打扮得像羊为荣。故既能御寒，又耐磨耐穿的质朴而漂亮的羊皮坎肩，就成为羌族乃至诸羌系民族的标志了。羌民男女老少，都有一件羊皮连毛的坎肩，坎肩的边上、领口及对襟处，有一长片宽约一寸的羊皮，打上眼，用细羊皮条牢牢地缝在边上。这样，既朴实无华，又实用美观。无论是当坐垫休息，或垫着肩背扛重物都行。这羊皮背心不用硝制，而是用生羊皮鞣制而

羌族男性的羊皮坎肩及腰带

（图片来源：《民族画报》资料）

成，且可防雨。①

二、精美绝伦的羌族美食

在长期的生产劳动和社会生活中，羌族人民创造了灿烂的文明，形成了独特的饮食风俗习惯。其中最具有民族特色的当数咂酒习俗。羌族有特色的饮食还有玉米馍馍、酸菜汤、荞面馍馍。其中，荞面馍馍蘸蜂糖是羌族同胞很普通也很爱吃的食物；而玉米馍馍、酸菜汤和咂酒则最具有羌族饮食文化特色。

1. 浓香纯正的尔玛咂酒

敬咂酒　（汤芸摄）

尔玛咂酒主要以大茶和自酿酒为主，当地称自酿酒为咂酒。逢年过节，红白喜事，朝山聚会，招待宾客都离不开咂酒。酿制咂酒，主要原料有玉米、小麦、青稞等粮食作物，经过特定工序酿造而成。制作时把玉米或大麦等某种粮食煮熟，撒上酒曲和匀后封于土制坛子中，六七天后即可启封饮用，饮用前注入开水，插入吸管，吸管多用麦秆、麻秆、竹竿等制成，饮用时要边喝边加水，直到喝到味淡为止，余料酒糟也可食用或作饲料。按照羌族的民间习惯，在喝咂酒时有较为严格的规矩和仪式。例如，家族或家庭中

---

① 陶斯文．四川地区民风民俗研究．北京：中国戏剧出版社，2012：95～98.

咂酒起封，必须长辈先饮，然后以辈分高低依次饮用，平辈者可同时饮用；族长或德高望重的长辈在喝咂酒之前，还要以歌唱或朗诵的方式作祝酒词；如果咂酒是用于招待远方来客的，要请客人先喝，客人在喝咂酒之前也要表达感谢之意，否则有失礼节，并且会得罪主人家。由此可见，“咂酒”也能充分体现出羌族的饮食文化。

咂酒是羌族最具有民族特色的饮品。咂酒在羌族的日常生活、宗教祭祀、社会生产、人生礼仪等方面扮演着重要角色，并有相应的仪式。

（1）祭神。羌族在节日等活动中要祭祀天神，因为在羌族人的传说中羌人是天神的外孙。羌族同胞一般用甘甜的咂酒祭拜天神。所以，在重大活动中羌族同胞喝咂酒时，都要祭拜天神。特别是“祭山会”、哑巴会与敬山节等节日活动都用咂酒祭神。

（2）祭祖。羌族人推崇祖先崇拜。他们一年中要举行多次祭祖活动，而祭祖时咂酒是必备的祭品。他们以酒祭祖，以求福佑。这也体现了羌族同胞敬重老人、尊重长者的美德。

（3）纪念民族英雄。羌族同胞也非常尊重本民族英雄，所以，每逢节日，他们都要围坐在火塘四周，一边喝咂酒，一边由一位德高望重的老人带头唱歌，表达对黑虎将军等民族英雄的思念。

（4）过节。羌族有自己的年节，也就是农历十月初一“羌历年”。羌年是羌族最重要的节日，羌族人过羌年的时候，家家户户都要喝咂酒、唱酒歌、跳锅庄舞，共庆丰收。

（5）社会生产。羌族在社会生产、生活中也要进行祭祀活动。典型的是播种前，他们以村寨为单位举行祭土神、谷神的仪式。他们特别重视这个仪式，还要请释比主持祭祀活动。

（6）婚礼。人生礼仪中有关羌族婚嫁礼仪后文有描述，在此不赘述。

2. 羌族地区的特色饮食

羌族的主食是玉米和土豆，辅以小麦、青稞和荞麦。蔬菜和调味品较少，仅有圆根、萝卜、白菜、花椒、辣椒以及豌豆、黄豆、杂豆、雪山大豆等。常年多食用青菜、白菜、圆根叶子泡制的酸菜。现在一般是一日三餐。炊具和食具有铁锅、铜壶、木瓢、水桶、刀和碗筷等。烹调方法比较简单，最常见的方法是玉米粥内加蔬菜。其次是玉米面或麦面做的馍馍或玉米蒸蒸，也有把青稞、小麦做成炒面在放牧或外出时食用的，羌民很少吃新鲜猪肉，一般是在年底杀猪，内脏作为年节的上馔，猪肉则被割成数块，吊在屋梁之上熏干，称为“猪膘”，存放一年到数年不等。

咂酒坛子 （贾银忠摄）

羌族男子普遍抽自种的味浓的兰花烟（草烟）。在靠近藏区的地方，有的还吸鼻烟。

羌族地区饮食文化丰富多彩。比如，北川羌族长期以来形成的各类喜庆宴席模式，根据家庭经济状况和原材料拥有的具体情况决定其档次和形式。凡修房造屋、婚丧寿庆，席桌上的配菜、盘、碗都有规定，下酒菜、下饭菜大体分开，其形式多为“十三花”（即十三个菜），下酒菜“十三花”，即以腊肉为主的五荤干盘子加核桃花、豆腐干、野生菜菌为主的四素，另加三个炒菜、一个工艺性品碗；下饭菜“十三花”，即最简单也不低于四荤，好一点的就以全鸡、全鱼、全肘、烧白、龙眼、甜肉等六至八个荤菜，其余以比较名贵的野菜、野菌配足“十三花”。

三、独居特色的羌族民居

羌族建筑以碉楼、石砌房、栈道和水利筑堰等最著名。其中碉楼最能代表羌族文化的特色。

1. 流连忘返的羌区碉楼

羌语称碉楼为“邛笼”。早在两千年前《后汉书·西南夷传》就有羌族人“依山居止，垒石为屋，高者至十余丈”的记载。

碉楼主要用途是防御敌患，观察敌情，指挥作战，平时用于储藏粮食，一旦有事，附近居民入碉内躲避，男人们则据险自卫。因此，碉楼一般沿河谷高山或半坡有耕地和水源的地方依地形修建，且多建于村寨住房中央和四角。碉楼平面形状有四角、六角、八角几种形式，棱角突出，外观齐整雄伟。远望如现代工厂矗立的烟囱。碉楼的建筑材料是当地富产的石片和黄泥土，修建时工匠不绘线、吊线、柱架支撑。而碉楼高度却能保持在10米至30米之间，其壁面能达到光滑平整，不留缝隙，且在川西地震多发区屹立数年不倒，可见羌族建筑师们的技艺之高超，令人称道。碉楼内部，每层以木板分隔，以独木梯升降。碉壁上枪眼错综，供射箭之用。出入须用梯子，进入后，可将梯子移入碉内以隔绝外敌。

羌族碉楼　（贾银忠摄）

新中国成立前，岷江上游民族间为争夺资源矛盾不断，战乱频繁，羌民内部纷争也时有发生，械斗不止，整个社会处于不安定之中。因此，羌寨只有拥兵自保，不断修建碉楼。新中国成立后，民族关系趋于和睦，碉楼失去其防御功用，年久失修，加之地震破坏，现保存完好的碉楼所剩无几。但只要我们步入羌区，依然可以看到带有历史痕迹的一座座雄伟壮观的碉楼。

2. 如诗如画的云朵村寨

羌寨一般建在高半山上，三五十户聚居成一个寨子，故而羌族被称为“云朵上的民族”。

羌寨建筑设计和施工等都颇有特色。首先是充分利用地形。选择修建住宅基地时，讲究经济、实用，便利生产和自卫，一般是建筑在沿河谷的高山或半上坡有耕地和水源的地方，居民群落的大小，又以耕地的多寡和集中与否而定，小则十多户，大则二三十户，为了充分利用山坡上有限的平坦地面积，在设计时均能密切结合山坡地形，分台筑室，以节省土石方量。其次是就地取材，施工精巧。修建住宅和碉楼的建筑材料，是取之不尽、形状各异的片石和黏性较强的黄泥土。第三是适应当地的气候并能充分利用建筑空间。

羌寨的总体造型具有显著的民族特色和地区特色，十分美丽、壮观。远远望去，半山上鳞次栉比的羌寨和巍峨高耸的碉楼，宛如一座座古代城堡，这些依山重叠的建筑，再与邻近的梯地坡土和群山交相辉映，便

羌族住房 （贾银忠摄）

白石羌寨　（贯银忠摄）

构成了一幅壮丽的图画，表现了羌寨的质朴、雅致、明快的自然美。

四、惊险神奇的羌山溜索

溜索和索桥是羌族劳动人民智慧的结晶。

1. 羌山溜索

在汹涌的峡谷激流岷江、杂谷脑河等河流之间，运用溜索渡河，是古老的羌族人又一个勇敢的创造。溜索又被称为“溜壳子”、“溜筒”，即“绳渡”，是羌族一种古老原始的渡河方法，多在一些落差较大或河面较宽的地带使用，有一定风险。即用一根竹缆横跨河川两岸，利用倾斜之势，人悬于溜筒上，从此岸滑向彼岸。

早期的溜索壳为木制，长约 30 厘米，宽约 12 厘米，用一根圆木，一剖两半，两半的表面挖成凹槽形，适合绑套绳索，中间挖空，两半闭合，套在溜索上，人将自己或货物绑在绳上，即可滑动过河。

1934 年，背着背篓滑过溜索的红水沟羌民　（庄学本摄）

溜索分为“来回索”（陡索）和“平索”。所谓“来回索”，是在河上架有两根倾斜度相反的溜索，可供来回使用。“来回索”所选的位置必须要有一定倾斜度，便于过河人利用绳索的倾斜度过河。也就是用两根溜索横跨于急流或山洞之两岸，系于石柱或木桩上。“平索”是在河上搭建的水平溜索，过河人必须利用自己双臂的力量拉拽过河，较为费力。由于长期的使用，很多羌民过河的技术高超，不仅可以自己过河，还可携带货物，甚至牲口过河。但由于竹索长期受风吹日晒，容易老化，因此也发生过过河者坠河身亡的事故。后多用金属的滑轮代替了过去的木制，增加了安全性。

溜索不仅可以渡人，还可以运货，运牛羊等大小牲畜。羌区著名的溜索很多，正如民国时候的《汶川县志》所说：“溜索，县属境内皆有。”但时过境迁，目前已很难全数列出。据清同治时期的《理番厅

志·桥梁》所载，仅理县境内著名的溜索就有通化溜索（通往上水田各寨）、古城溜索（通往木上各寨）、铁野溜索（通往克古各寨）、旧州溜索（通往东门外龙溪各寨）等。茂县著名的溜索如石鼓溜索，横截于滔滔岷江之上，长百余米，为东西双向索，其运载量相当可观①。新中国成立后，很多地方架起了大小桥梁，除了个别村寨，溜索已基本消失。

2. 羌族索桥

索桥，又叫吊桥、悬索桥、绳桥，意为悬空之桥，常建于水流湍急、两岸陡峭，难以修建桥墩的河段上。索桥是在溜索的原理上进一步发展和运用的。在桥的两岸砌石为桥洞门，用几根或十余根竹绳并列，绳头固定于两岸石础或木柱上，竹索上铺木板以方便人们通过。因为是古羌人中一支名叫“笮”的部落发明的，所以古代也称为“笮”。《康輶纪行》中载：“蜀有笮桥，李实曰：‘笮音作’。松潘、茂州之地，江水险急。既不可舟，亦难施桥。于两岸凿石鼻，以索絙其中。往南者北绳稍高，往北者南绳稍高。手足循索处皆有木筩，缘之护手易达。不但渡空人，且有缚行李于背而过者。”

历史上，茂县、汶川交通闭塞，素有“蚕丛栈道险、悬简渡索难”之说。运输靠人背畜驮。羌族地区山高水险，为便利交通，1400 多年前，羌民就创造了索桥（绳桥）。相传羌族的祖先最先来到北川时，看到江水滔滔，两岸陡峭，与外界交通十分困难，一筹莫展。这时从森林中走出一位鹤发童颜的长者，指导他们建造了索桥。从此，他们就利用当地丰富的竹、藤、麻等植物修建了许多索桥，索桥建造技术开始在羌部落中推广应用。战国时期李冰父子在修建都江堰时，就利用当地羌族群众丰富的建桥技术，在岷江内外修建了一座竹索桥。此后，索桥在西南、华南得到推广，成为我国古代桥梁的代表性桥型。

---

① 周锡银，刘志荣．羌族．北京：民族出版社，1993：68.

羌族村寨甘溪村的索桥　（赵平摄）

横跨汶川县岷江和杂谷脑河交叉点上的威州大索桥，传说是唐代所建，全长约100米，宽约1.5米，为省会成都经过威州到达理县通草地、松潘出甘青的重要通道。索桥横架水面之上，十分雄壮。

除了威州大索桥外，还有茂县联合大桥。该桥原名“镇西桥”，明朝正统年间（1436年～1439年）建造。由于岷江江面宽，桥的跨度大，羌族工匠便在河心立下石蹬，砌成鱼嘴，鱼嘴上还建有一亭，旧名“观澜”，后取杜甫“川虹饮练光”的诗句，改名“练光亭”。其他索桥如北川羌族自治县云登索桥（横跨于湔江之上）、汶川县太平索桥（横跨于岷江之上）、桃关戴家坪索桥、茂县叠溪索桥（横跨于岷江之上）、理县通化索桥（横跨于杂谷脑河之上）、坡底堡索桥、古霸州索桥、茂县石鼓索桥、通天索桥（明朝成化年间修建）、筛巴桥（明朝嘉靖年间修建）、神溪索桥、汶川县灵秀索桥、塘房索桥、青白索桥、镇

关索桥等，都比较著名。

此外，羌族人民还擅长掘井、筑堰、淘滩。有关羌人“入蜀为佣”的记载不绝于书，每逢秋后农闲季节，羌族劳动人民就络绎不绝前往成都平原专事掘井、筑堰、淘滩。举世闻名的都江堰水利工程，从它的兴建到后来历年的整修，都凝结着羌族人民的智慧和血汗。[①]

① 周锡银，刘志荣．羌族．北京：民族出版社，1993：73.

第三章

人口规模与变动

历史上羌族人口的发展演变，可谓几番起落，经历了新中国成立前的急剧下降到新中国成立后的加速发展过程。而2008年的汶川大地震又给羌族带来灾难性损失，但灾后重建为羌族人口科学发展带来了新的机遇。

第一节　几番起落

羌族人口从宋代至明代中期是不断增加的。而明代后期由于大规模的战乱，有所消减。明朝末年到嘉庆十七年（1812年），又不断增加。但1812年以后至新中国成立前，羌族人口呈急剧下降趋势；新中国成立后，羌族人口加速发展。

一、从急剧下降到加速发展

羌族自古以来，人口数量一直随着社会、自然环境的变迁呈波浪形变化。

1. 人口数量总体萎缩时期

早期的羌族人口由于资料缺乏，无法统计，但可知其人口从宋代

至明代中期是不断增加的。而明代后期由于大规模的战乱，有所消减。有关明代羌族人口资料，多为战争时期的估计数字。比如在今叠溪西面的杨柳羌，万历十八年（1590 年）“三千余陷新桥”。万历十九年，明王朝派大兵镇压，“总计擒斩一千九十七名颗”，按每户五人，每户出一人计算，杨柳羌约 3000 户，合计 15 000 人。清代、民国时期的羌族人口准确数字是一个难以弄清楚的问题，因为当时缺乏明确的地域概念，同时人口资料多将羌族、藏族、回族、汉族混合在一起，要寻找确切的羌族人口数字很困难。据嘉庆年间《四川通志》记录，嘉庆十七年（1812 年）的人口统计，茂州 141 285 人，汶川县 118 221 人，两地区总共 26 万人，这里面包括少数汉族移民。统计数字说明，明朝末年到嘉庆十七年，经 160 年时间，羌族人口增加到 26 万人。

但 1812 年以后，羌族人口呈急剧下降趋势。其因素很多，除了耕地减少，疾病流行外，还有自然灾害，比如 1933 年的叠溪大地震，死伤 6800 多人。到了民国时期的 1940 年，羌族人口为 4 万多人。直至新中国成立之前，羌族人口降至 3 万人。

2. 人口数量加速发展阶段

1953 年我国第一次全国人口普查时，羌族人口约 35 660 人，到 2000 年第五次全国人口普查统计，已达到 306 072 人，48 年内净增 270 412 人，增长了 7.58 倍。不但快于汉族和全国人口增长的速度，也远远高于全国少数民族增长的速度。具体各个阶段发展情况如下：

1953～1964 年，是少数民族人口缓慢增长的阶段。羌族人口的增长率也相对较低，人口总量由 35 660 人发展到 49 105 人，12 年净增 13 445 人，增长 37.7%。净增人口占 1953～2000 年总增人口的 4.97%，是羌族人口增长幅度及规模较低的阶段，但仍然高于全国少数民族。

1964～1978 年，全国少数民族跨入人口增长的高峰期，羌族人口规模及增长幅度也显著高于前一阶段。人口总量达到8.5万人，14年间净增约3.6万人，增长约73%。净增人口为1953～2000年羌族总增人口约13%。

1978～1982年，在党的十一届三中全会以后，党的民族政策得到进一步的贯彻和落实，少数民族地区的经济生产得到较快发展，少数民族人民群众的生活进一步改善，且纷纷要求恢复民族成分，人口的增长上了一个新台阶。在这个时期，羌族人口达到102 815人，4年间即净增约1.8万人，增长约21%，这短短的几年中，净增人口约占1953～2000年总增人口的6.7%。

1982～1990年，全国少数民族人口持续高增长。羌族人口总量猛增至198 303人，8年间净增95 488人，增长92.87%，净增人口占48年来总增人口的35.31%。

1990～2000年，根据第五次全国人口普查资料，羌族人口达到306 072人，10年间增长107 769人，增长54.35%。净增人口占48年总增人口39.85%。

由此可见，新中国成立以后羌族人口不断地加速发展，人口增长特别集中于1978年以后，与全国少数民族人口增长趋势基本相同。纠其原因，一方面与党的十一届三中全会后少数民族人口纷纷要求恢复民族成分有关，另一方面与改革开放后，人民生活水平提高，人口自然增长加快有关。

二、从地震损失到科学发展

1. 汶川大地震

2008年5月12日，汶川发生大地震，由于羌族人口分布区与地震受灾区的高度重叠导致不少羌族同胞遇难。而且由于这次地震发生的时刻等原因，地震造成不少羌族学生的伤亡。

汶川大地震使整个羌族地区受灾面积达到20 000多平方公里，共计93个乡镇受灾，羌族遇难人数达3.7万人，占全省遇难人数约54%，占全国羌族人口的约10%；羌族受伤人数约8.6万人，占全省受伤人数约24%，失踪人数约1.6万人，占全省失踪人数的约94%。另外羌族地区房屋受损严重，坍塌面广。北川县城、汶川县映秀镇等部分城镇被夷为平地。羌族聚居的农村房屋损毁达95%以上。茂县、理县、汶川县城约有20%的房屋损毁，80%的房屋成为危房①。据2000年第五次全国人口普查资料显示，羌族总人口为30.61万人，其中98.2%的羌族人口分布在四川。第六次全国人口普查统计，羌族总人口为30.96万人，四川省羌族人口为29.69万人。四川省羌族人口的负增长原因与地震死亡和失踪人口有关。

2. 未来充满希望的民族

羌族人口在“5·12”汶川地震中受到严重影响，合理发展羌族人口，改善人口结构，提高人口素质都是震后非常重要的工作。在这种非常情况下，只有采取特殊措施才能保障羌民族人口的发展。

调整人口和计划生育地方性法规，适度放宽对羌族家庭的生育限制，促进羌族人口的发展。震后，国务院抗震救灾总指挥部已及时提出对有子女在震灾中死亡或伤残的家庭，给予再生育政策照顾，免费提供生育咨询和技术服务；对其中有收养、领养地震孤儿意愿的，有关部门要按照规定优先安排。

羌族孤儿的救助安排考虑了族源的延续性，避免羌族人口的进一步流失和人口结构的进一步失衡。《关于汶川大地震四川省“三孤”人员救助安置的意见》提出对孤儿救助安置时要坚持儿童权利优先的原则，充分尊重孤儿的意愿。对可以被亲属收养、抚养、寄养的孤儿，

---

① 贾银忠. 濒危羌文化——5·12灾后羌族村寨传统文化与文化传承人生观现状调查研究. 北京：中国文联出版社，2009：4.

地震后新建的北川羌族自治县县城（原址） （贯银忠摄）

要尽可能维系其已有的亲缘和地缘关系；对确实不能在当地安置的孤儿，选择临近城市安置；对省外安置的孤儿，选择大中城市条件较好的福利机构或家庭安置。孤儿是少数民族的，要尊重他们的宗教传统和风俗习惯。

汶川地震虽然破坏了羌族群众的生存环境，不少县城和集镇不得不搬迁，由于羌族传统村寨多分布在高半山上，在此次地震中许多村寨也受到破坏，但恶劣的环境并没有打垮羌族人民，在党和国家的支持下，在各兄弟民族的帮助下，羌族同胞获得了妥善安置，而羌族人口的分布也将发生一定的变化。

一个民族总体的科学文化素质跟这个民族，以及民族文化的发展有着密切的联系。由于社会历史等原因，对偏远少数民族而言，培养一名受过高等教育的人才是非常不容易的。2000 年，羌族人口中受过

水磨镇新建的居民安置小区“水磨羌城”　（贾银忠摄）

大专、大学教育的仅占2.32%。2010年第六次全国人口普查显示，羌族人口中受过大专、大学教育的占总人口的7.66%。从这个数据我们可以看出，羌族人口中受过高等教育的人口比例越来越高。这些受过高等教育的羌族人才，在促进羌族地区经济社会发展中发挥了重要作用。

第二节　四川省为羌族的主要分布地区

一、羌族人口主要聚居在四川省

据《后汉书·西羌传》记载，羌人原来“所居无常，依随水草，地少五谷，以畜牧为业”。公元前5世纪以前，羌人依随水草向东、西、南三面迁徙。今日的羌族，就是由当时迁到川西北高原的一支羌人发展而来的，主要分布在四川省阿坝藏族羌族自治州的茂县、汶川、黑水、松潘、理县，绵阳市的北川羌族自治县及平武县，其余散居在甘孜藏族自治州的丹巴县，以及贵州省铜仁地区的石阡、江口等县。

新中国成立后，党和政府奉行民族平等政策，羌族人口聚居区域基本稳定。1950 年 2 月在羌族传统分布区域设立了茂县专区，隶属川西行署。随着新政权的巩固，茂县专区实现了对川西北羌、藏民族分布区域的行政管辖。党的十一届三中全会后，北川的少数民族纷纷要求恢复民族成分。1981～2001 年，北川先后建立了 15 个民族乡，其中 9 个是单独以羌族建立的民族乡，6 个是羌族藏族联合建立的民族乡。2003 年 7 月 6 日经国务院批准，设立了北川羌族自治县，也是我国唯一的羌族自治地方。

二、散居人口的增加

羌族人口除聚居在四川省阿坝藏族羌族自治州及绵阳市的北川羌族自治县以及平武县。其余散居在甘孜藏族自治州的丹巴县以及贵州省铜仁地区的石阡、江口等县。

1964 年第二次全国人口普查时，散居于四川省境内及全国其他省（自治区、直辖市）的羌族人口极少。1964 年以后，因工作调动、升学、入伍等原因，羌族人口迁移活动逐渐增加，在四川省的汉族地区和个别省份开始分布有羌族人口，但是比重不大。改革开放以来，羌族人口的迁移继续增长，在各地的分布呈明显的扩展趋势。1982 年第三次全国人口普查时，羌族人口共计 102 815 人，其中约 99.75％的人口分布在四川省，只有约 0.25％的羌族人口散居在其他省（自治区、直辖市）。1990 年第四次全国人口普查时，全国 19.83 万羌族人口中仍有约 99％的人口分布在四川省，散居的羌族人口比重扩大到约 1％。

2000 年第五次全国人口普查时，羌族总人口为 30.61 万人，其中 98.2%的羌族人口分布在四川，散居的羌族人口比重进一步扩大至 1.8%。2010 年第六次全国人口普查时，羌族总人口 30.96 万人，其中 95.9%的羌族人口分布在四川，散居人口比例扩大到 4.1%。

说明羌族散居人口呈逐步增加的趋势，其人口流动及迁移越来越广泛。

三、羌族人口流动

1. 古老的民族走出高山峡谷

历史上，“羌民以食不敷出，率妻子入内地为佣者数月”，以致整个羌区“秋冬之间，一望苍凉，爨（cuàn）烟稀有”。每遇天灾人祸，往往出现“民之迁徙于它邑者，且去其半”的情况。[①]《后汉书》中记载，羌人有“冬则避寒，入蜀为佣，夏则违暑，反其邑”的习俗。这些记载从另一个侧面说明，羌族人们早有走出山寨参与人口流动的传统。新中国成立后，各民族之间联系、交往更加频繁，人口流动规模也日益扩大。越来越多的羌族儿女走出高山峡谷，从原来的聚居区不断向全国各个城市迁徙。随着各民族之间联系、交往的日益频繁，人口流动规模日益扩大，越来越多的羌族儿女走出高山峡谷，从原来的聚居区不断向全国各个城市迁徙。

“天下熙熙，皆为利来；天下攘攘，皆为利往。”羌族儿女走出高山峡谷的主要原因是增加经济收入。“一人打工，脱贫致富；两人打工，小康之路”，打工经济不仅增加了羌族地区农牧民的经济收入、改善了其生活水平，而且促进了当地农村经济社会的发展。农民把打工收入投资于农村基础设施建设、消费品市场以及其他领域，其投资的

① （清）陈克绳纂修．保县志（卷 2）．据清乾隆十三年修，抄本影印，阿坝州地方志编纂委员会 1998 年出版。

乘数效应，已成为农村经济发展的推动力，也为社会主义新农村建设提供了资金支持。流动人口在务工经商的过程中，获得各种新知识、新技能、新观念，为羌族地区的繁荣与发展培养和储备了人力资源。

由于异地流动的代价较高，羌族流动人口以县内、省内流动为主。流动人口向民族地区以外的区域流动不仅需要支付更多的以交通成本为主的经济成本，而且还要支付以亲情成本为主的心理成本，羌族流动人口离开自己所熟识的社会关系网络，心理成本必然上升。另外，他们不仅要面临城乡文化的冲突和交融，而且还面临不同民族文化之间的碰撞和融合。

2. 新世纪羌族人口流动展望

人口的流动，各民族间的相互往来，密切交往，是历史的必然。列宁早就指出："与居民离开农业而转向城市一样，外出做非农业的零工是进步的现象。它把居民从偏僻的、落后的被历史遗忘的穷乡僻壤中拉出来，使其卷入现代社会生活的旋涡中。它提高居民的文化程度及觉悟，使他们养成文明的习惯和需要。"不造成人口的流动，就不可能有人口的发展。"①

市场经济条件下，将会有越来越多的羌族人口走出山寨，走进内地农村和城市。羌族人口流动一方面促进了民族文化的进步、民族观念的更新、民族素质的改善以及民族融合的推进，使整个民族的现代化水平得以提升；另一方面也带来以下问题：原住地民族人口减少，原住地经济发展受到影响，原住地人口性别比失调等。如何协调羌族人口流动与发展区域经济，实现民族繁荣，是值得人们关心与研究的新课题。

---

① 列宁．列宁全集（第三卷）．北京：人民出版社，1959.

第四章

婚姻与家庭

羌族地区婚姻与家庭生活中的各种习俗，是羌族社会的一个缩影，其礼仪规范具有强烈的民族特色。一方面，体现了受汉文化的影响，另一方面，羌族作为尚礼民族，也保留了本民族特色。

第一节　婚姻嫁娶

羌族地区婚姻嫁娶习俗，表现在“女婚男嫁”与同姓不婚，还有“红爷”与“吃大小酒”、“挂红”与男女“花夜”等独特的婚姻缔结习俗。

一、“女婚男嫁”与同姓不婚

1. 羌族地区多盛行女婿上门

在长期的历史发展过程中，羌族人形成了丰富多彩的婚嫁形式，在传统的羌族习俗中，羌族地区多流行女婿上门亲。上门亲即入赘，在羌族社会中属于“非正式”的嫁娶，入赘仪式跟正聘相比较简单。如果说正聘是“男婚女嫁”，那上门亲可以说成“女婚男嫁”，丈夫结婚后在妻子家里生活，婚后改随女方姓，可以继承女方财产。家中有女无子的就可以订上门亲，招女婿上门，双方完全自愿。上门女婿享有平等的社会地位，并不会受到歧视。妻子的父母也把上门女婿当做自己的亲生儿子一样看待，他甚至可以继承女方家的财产。上门亲是羌族婚姻的一种补充形式，也是羌族地区广为流行的自愿婚形式之一。

"上门亲"的盛行大致可归结为三方面的原因。第一，羌族地区以农业生产为主，羌族人口主要聚居在四川省阿坝藏族羌族自治州，这里地形地貌复杂、沟谷交错、交通闭塞、气候多样。自然条件严峻，农业耕作、物资运输需要大量的劳动力，男性劳动力在这样的自然条件下的生产劳动中显得十分重要。在缺少男性劳动力、女性居多的家庭里，劳动力严重不足，农业经营的困难加上各种苛捐杂税，无疑是雪上加霜，羌族家庭负担极大，劳动力的缺乏成了制约经济发展的首要问题，"上门亲"成为解决这个问题的有效手段之一，女婿入赘直接弥补了家庭劳动力的缺失，对于妻子家来说，上门的丈夫不仅担当了丈夫、女婿的家庭角色，还成为家中重要的劳动力支柱。第二，这是羌族女性权利的特殊体现，也可以说是母系氏族社会婚姻的一种遗风，不仅仅是上门亲，还有羌族人对舅权的崇尚等都受到了早期羌族社会母系氏族的影响，可以说，虽然羌族社会已经度过了母系氏族的阶段，但母系氏族社会的遗风仍然影响着羌族人民生活的方方面面。在母系氏族中，以母方血缘为世系，孩子是自己母亲氏族的成员，跟随母亲一起生活。至今，我们在羌族的亲属称谓中仍能发现这种母系氏族的踪影，羌族语言中的"谷尼子"就是指母系方面的亲属，把父系方的亲属排除在外。羌族母系氏族社会遗风对上门亲的影响集中体现在男子入赘后改与妻子同姓，子孙以母族为宗。第三，从人类的生物属性来看，这也是出于女方家传宗接代的需要，对于没有男丁的女方家里，需要的不仅仅是劳动力，更渴望能延续家族、继祖传宗。

但是在新中国成立以前，“上门亲”的存在却与广大劳动人民生活贫困以及地主的残酷剥削有着密不可分的联系。地主、富农为了剥削劳动人民，以“上门亲”为由，欺骗对方给自己做工。

2. 羌族地区多流行同姓不婚

同姓不婚，指禁止同一姓氏的家族成员之间的通婚。如果家族内部成员通婚，被视为乱伦。过去，羌族传统盛行被誉为“亲上加亲，雪上加凌”的姑舅姨表亲。姑舅姨表亲，是一种“优先婚”，就是姑舅姨表之间在结婚选择配偶时有优先权。在羌族人心中这种婚姻有极大的好处：通过姻亲关系的缔结，加强家族之间的联系，壮大家族势力，避免劳动力及财产的外流等。虽然传统的羌族婚姻流行“姑舅姨表亲”，但并不意味着这种近亲之间的联姻没有任何限制条件。在羌族婚姻习惯法中，同宗血缘传下的同姓后代是不能通婚的。“近亲结婚，其生不蕃”，因而近亲结婚早被历代封建国家制定的法律所禁止，早在《清光绪理番县婚俗禁令碑》中就有所规定：“查律载：凡同姓不宗为婚者，男女各杖六十，离异。”

羌族地区这种同姓不婚、禁止乱伦实际上是保障了羌族人口质量，也体现了民族对高质量婚姻的诉求。

羌族地区在新中国成立以前婚姻遵从父母之命、媒妁之言。在羌族传统的观念里，婚姻的主要目的是祭祀祖先，繁衍后代，而绝非为男女双方的个人幸福，因此，婚姻的缔结，由双方父母包办，子女必须顺从父母“安排”的婚姻，没有自己选择的权利。羌族有一句描述婚姻结成标准的谚语：“欢喜的亲家，情愿的买卖。”意思就是说只要父母同意，由“红爷”撮合，婚事就算定了，一桩婚姻是否达成主要看双方父母的意见。父母包办婚姻广泛用于未成年子女的订婚，导致了羌族地区指腹亲、怀抱亲、童子亲、童子婚、调换亲、转房婚的盛行，未成年子女未谙人事，其婚姻就由父母早早确定，无法变更。

但随着新中国的成立及《婚姻法》的施行，婚姻自由的观念被羌族人民所接受，新的法律带来了新的思想文化，国家和民族地区政府灵活运用《婚姻法》，照顾风俗习惯与贯彻《婚姻法》相结合，《婚姻法》潜移默化地转变着羌族人民对婚姻的传统观念，传统婚姻习惯法所遵从的父母包办婚姻的习俗有了新的突破，现在极少数羌族人还在按照家长订婚而成亲的，绝大多数婚姻是建立在自由恋爱或经过介绍人的介绍确定恋爱关系，经过一段时间的了解的基础上，相比传统的父母之命、媒妁之言，现在的婚姻双方当事人有了较大的自由。

二、独特的婚姻缔结习俗

1.“红爷”与“吃大小酒”

羌族婚俗中的“红爷”相当于汉族的媒人，红爷是婚姻中介人，受命于男方父母撮合婚事。他在整个婚嫁过程中起穿针引线的作用。“红爷”是羌族社会中一种身份地位的象征。成为“红爷”必须具备很多条件，比如说年纪必须在40岁以上，儿女双全，妻子健在，既要能言善道，又要懂得羌族古规，在当地有不小的影响等。并且一般“红爷”与男女双方家庭有深厚的交情。羌族谚语有云：“为婚之法，必有行媒”，“嫁娶有媒，买卖有保”。“红爷”的撮合成为羌族婚姻成立的必要条件，在羌族传统社会中，只有“红爷”撮合的婚姻才能被宗族乃至社会普遍认同和维护。红爷是一项无偿的职业，当然等婚事结成以后，新婚家庭为了表达感激之情，可以给红爷一些馈赠东西。羌族习惯法赋予“红爷”中间证人的责任，他要按照习惯法公证、监督婚姻。

胜任者以担任的次数多为荣，也深受众人欢迎和尊重。如果男方对女方有意，男家就会备酒、挂面等礼，请“红爷”到女方家提亲。女家要在母舅等同意后方可允婚；否则就会退礼婉谢。允婚后，“红

爷”即回话于男家。随后，“红爷”会继续来回奔忙，他带上猪膘、酒去女家吃“许口酒”，同去的未婚女婿要拜见岳父母，并同女家商量“订婚酒”的日期，女家会开口要聘礼。

如同汉族传统的婚礼三书六礼一样，羌族也有着一套婚姻的必经的过程。“吃大小酒”就是羌族婚俗中的一道环节。“吃小酒”就是定亲，若男女双方有意结成夫妇，男方就要请“红爷”带上酒、面等作为“手情”到女方家说亲，过一段时间，“红爷”帮男方送第二道“手情”去女方家，并要女方的生辰八字。男方的父母请释比合两人的八字，一旦八字相合就表示可以定亲。这时，女方家就要和“红爷”商定“吃小酒”的日子，在这一天，男方在“红爷”的带领下给女方的长辈送礼，在“吃小酒”前，“红爷”按照羌族习俗亲自烧香敬神，禀告双方祖先两家结亲之事。“吃大酒”则是商定正式结婚日期。当男女双方经过第一道“手情”，吃过小酒之后，若男女双方到了传统认为的大婚年龄，男方家又已经做好接新娘过门的准备，就再请“红爷”带上礼物去女方家商定婚期。一般男方家要拿出女方家满意的数量的酒、米、肉和给女方的首饰、衣物等，并且全部要求双份。在传统的羌族婚姻缔结过程中，从“吃大酒”到正式接新娘过门要间隔几个月甚至是几年才能完成。

2. “挂红”与男女“花夜”

羌族的一些风俗习惯渐渐被外界所获悉，但还有一些比较重要的习俗仍然只在羌族人民认为合适的场合使用，而不被外界所知，显得那么神秘，“挂红”就是其中最具有代表性的习俗之一。

炎帝又称赤帝，赤即红。羌族人为纪念炎帝，每逢盛大庆典仪式，均以红色标志为吉祥物。历史的长期发展过程中，这种尚红的习俗，逐步成为羌族传统最高礼仪——“挂红”。羌人以“挂红”表示对客人敬献赤诚的心意，盛情迎宾，宾至如归。

羌族“挂红”时使用红布或红丝绸，过去使用的红布一般是6尺以上长度的红色粗布或者粗纱，现在则普遍用红丝绸。“挂红”的方法遵循男左女右的成规，即给男性“挂红”时，羌族手捧着一根长度约为2米的红丝绸来到客人面前，将红丝绸从其左肩斜挂于右胁下，在右胯骨附近松松地挽一个小结，顺在右下方；给女性“挂红”时则从其右肩斜挂于左胁下，在左胯骨附近挽一个小结，顺在左下方，任红丝绸自然下垂，显得十分飘逸。

“挂红”的对象包括远征凯旋的英雄、战士、应邀做客的嘉宾、地方头领、上级官员和领导、族人所信奉崇敬的神像、结婚的新郎新娘。

特别有趣的是，在羌族婚礼中要给新郎“挂红”，这是羌族的重要礼仪，跟汉族的“披红戴花”类似。在婚礼上给新郎挂的红是最多的，往往一场婚礼下来，新郎就会被红布红绸挂满全身，尽显喜庆之气！

“花夜”是羌族婚礼中最为隆重的环节，一般在嫁娶的前一天晚上举行，男方家办的叫“男花夜”，女方家办的叫“女花夜”，举办花夜的目的男的为庆祝娶妻，女的为欢送出嫁。“花夜”的前一天，男方派出迎亲队到女方家迎娶新娘，女方家准备咂酒迎接接亲的人。在“女花夜”上，在堂屋中放上两张八仙桌，桌上放有咂酒和花生、核桃、红枣、柿子、苹果、橘子、糖果等12盘“干盘子”，还有一些菜肴。花夜在晚上七八点开始，新娘哭唱着入席，感谢父母的养育之恩，花夜上，新娘要坐上席，新娘的姐妹们及男方接亲的人都要在座，当新娘入席时，姐妹们开始唱歌，歌曲主要有“花儿纳吉”、“盘歌”、“各妹哟呀”三种形式。在羌寨，认为嫁女儿是输家，男方家是赢家，所以“花夜”这天，女方就要设法“刁难”男方，花夜上通过对歌的方式盘问对方，损对方几句，用歌词“唱骂”闹着玩。“男花夜”跟“女花夜”内容相似，要比“女花夜”多一道程序：舅舅、舅母要为新郎

“升冠”、“挂红”。“挂红”为表祝贺、祝福；“冠”则是形似清朝官帽的一种红穗圆形的双层帽，上插一对红色喜牌，“升冠”之后表示新郎已成年，就要成家立业，具有新的社会角色了。花夜上歌声不断，羌寨里飞扬着欢乐的乐曲。

新中国成立以前，羌族的婚姻按照旧俗要遵循父母之命，媒妁之言，男女双方在婚姻上的自由性相对较小。在新中国成立后，建立在双方自愿基础上的自主婚姻逐渐增多，但是传统的结婚礼仪程序及习俗基本上保持着原貌，如跳锅庄、唱盘歌、抢洞房等。羌族人民的婚礼极为盛大，结婚下午新郎到新娘家迎亲，新娘在晚上的“花夜”（对歌）上用自己的歌声表达着对亲人的感谢和不舍，新娘从午夜就开始梳头挽髻，绞掉额头上的苦毛，从此嫁作他人妇，姑娘的身份结束，在撒拉子的乐声中被哥哥背出家门，坐上花轿，带着满身的祝福，在

震后婚礼

（图片来源：《民族画报》资料）

亲人的簇拥下抵达自己幸福的归宿。随着羌族经济的发展，各民族交流的增加，传统的婚姻仪式增添了新的内容，使得传统文化得到很好的保护，并且与现代文明相结合，羌族的传统文化在现代社会中大放异彩，更为现代羌族人民的婚礼增添了更多的喜庆气氛。

3. “尚双”习俗

羌族地区还流行“尚双”习俗。羌族崇尚双数，认为“双则和，和则满”。这在羌族婚礼中礼物的挑选、礼物数目的计划、“红爷”的邀请、送亲迎亲人员的挑选等方面都考虑到了。送礼送双份有祝福美满、团圆、吉利之意。“红爷”要占“两双”即儿女双全、夫妻健康。这与羌族朴素的二元分立宗教观有重要关系。羌族把世界分为阴阳两极，天为阳、地为阴，男为阳、女为阴，南为阳、北为阴，生前为阳、死后为阴……新人结婚是人生大事，一定要占全阴阳两极，才能遇事呈祥。参加婚礼的人就纷纷以“送双”的形式来把最美好的祝福献给新人。①

当然，羌族地区“尚双”因为地域不同、经济社会条件不同而有差异。条件好的地方可能送礼的成本要高得多，而经济条件差的农村地区要低一些。有的送带双数的生活资料比如挂面、点心、咂酒、布匹等，有的则直接送钱，但要带双数比如六千、六百等。

第二节　落入凡尘②

羌村这样的乡土社会，是一个变化较少的静态社会。在一个相对静态的社会里，总是有一套程序化的人生礼仪来规范每一个人。羌族

---

① 马宁．羌族社会的人生礼仪研究．民俗在适应与变迁中传承．中央民族大学出版社，2008.

② 本节主要参考：张春秀，刘目斌．民俗在适应与变迁中传承．中央民族大学出版社，2008.

人一生下来，就在一套既定的文化模式中活动，按照祖祖辈辈走过的脚迹，一步一步，按部就班地走完人生之路。

一、生育传承希望

生育，关系到人类的繁衍和民族的发展，故每个民族非常重视其生育文化。羌族在其漫长的历史发展进程中，创造了很多神奇而丰富多彩的生育习俗。

1. 科学生育与“孕产”

羌族作为一个不断迁徙的民族，而且在古代经常处于战乱之中，所以，非常重视生育和孕产。作为一个处于外界强势文化的包围中的民族，为了在竞争中得以生存和发展，他们的民族性格就具有了灵活、随机应变和忠实的特点，非常重视人口的繁衍，因为战争需要人。

生育传承希望

（图片来源：《民族画报》资料）

羌族妇女十分勤劳，在外是劳动能手，在家是理财好手。同时，她们还担负生育后代的重任。羌族人认为，生儿育女是妇女的天职，也是家庭、社会对一个新女性的必然要求。羌族妇女怀孕后，在规约下，她们不能靠近神龛，甚至连敬神活动都不能参与，因为那样会背上“不洁”的恶名。有的羌族地区还有一种有趣的习俗，羌族妇女怀孕后，家人在房顶上撑一把伞，意思是可以防猫避邪，趋吉避凶，因为羌族地区有“毒药猫”① 传说。羌族孕妇担心能否顺利生产，她们一些孕妇为了祈求顺产，在临产前数日要去“踩桥”，大腹便便、步履蹒跚地通过岷江河上的索桥。她们认为滔滔江水在桥下畅通无阻，那就能顺产。还有的羌族居住地方要将新生儿放地上接地气，这样有利于孩子将来健康成长。

现在羌族妇女怀孕后，家人就会对她格外照顾。羌族产妇“坐月子”的饮食十分讲究，家人要把家里好吃的尽力让产妇吃，而且要让产妇休息好，恢复体力。一些地方还有一些特殊的讲究。例如，茂县一带流行生男孩子就在大门边挂一副犁具，生女孩子在门上挂一背篼；理县一带则一概在门上挂一背篼，而且还在背篼里面放一把小刀，但有趣的是生男孩挂左边，女孩挂右边；甚至还有的羌族地区生男孩门上挂弓箭，生女就在门上插红旗或垫背用的草圈和一束麦秆。这些习俗有的是为了驱邪避秽，有的也是为了告诉家人或亲人新生孩子性别等，同时，也有利于产妇安心静养，避免因看望的人过多而造成疾病侵害和细菌感染，保护产妇和新生儿。

2. 出生报喜

“一个婴儿刚一出生，还仅仅是一种生物意义上的存在，只有通过为他举行的诞生仪礼，他才获得在社会中的地位，被社会承认为一个真正意义上的‘人’。”② 羌族谚语说：“死有选法，生不由己。”过去在

---

① 在岷江上游村寨中，普遍流传“毒药猫”的说法。在民众的心目中，“毒药猫”是一种会变化及害人的人，几乎都是女人。他们或变成动物害人，或以指甲施毒害人。受害者是村中的小孩或男人。据说，每个毒药猫都有一个小口袋，里面装有各种动物的毛。当晚上毒药猫要出去害人时，就把手伸到口袋里，摸到什么动物的毛她就变成哪种动物。然后，将走夜路的人吓得摔到悬崖下面去。（参见王明珂．羌在汉藏之间——川西羌族的历史人类学研究．北京：中华书局，2008：90.）

② 钟敬文．民俗学概论．上海：上海文艺出版社，1998：158.

羌族地区孕妇生产以后，做父亲的要向岳父家报喜，报喜要带一些礼物，如染红的鸡蛋、腊肉、挂面、馍馍等，而且还有必不可少的一只活鸡，生男孩子带公鸡，生女孩带母鸡。到了岳父家要拜神灵和祖先。岳父母要问外孙（女）情况，说一些吉利的话。同时，通知亲人，准备“祝米”。

现在，羌族出生报喜有所变化，婆家要在三天之内向产妇的娘家报喜。有的地方流行包括如果两家相距不远，可以在一天之内到达的话，就由婆家的人（一般是男方的兄弟姐妹）去报喜，一般送去两坛咂酒或瓶子酒、一方腊肉、双数的挂面等礼物。产妇的娘家接到消息后就会召集家门亲戚一起庆贺，并着手为探望产妇和婴儿做准备，娘家也要让来人捎回 12 个鸡蛋并告之探亲的具体日期。从 1995 年开始，随着电话在羌族地区的普及，羌族人也改用这种现代通信工具来报喜了，婆家用电话通知产妇的娘家这一消息，而娘家人何时来就看路程远近了。娘家人一般要等产妇产下婴儿一段时间后才成行（一般是 15～20 天），娘家人和较亲的家门就要到产妇家里来庆贺。一般送一斗大米、一斗白面、60～120 个“红蛋”、一坛咂酒、4～8 个猪蹄、一只大公羊、1 只母鸡等物到产妇家里。婴儿的外婆和姨姨（即产妇的姐妹）还要送一套婴儿衣服，包括一顶白色的“和尚帽”、小肚兜、外衣、开裆裤、绑腿、裹脚、云云鞋、一块银子打制的刻有婴儿生肖图案的锁子等，其他亲戚则送一些营养性较高的吃食和现金。当娘家人走到产妇家门口时，婆家人要出门迎接，并放三个“震天雷”之类的大火炮，这代替了过去的放枪。产妇在厅房门里头给娘家人敬酒或敬茶。娘家人进入厅房后，就把礼物放在神龛前进行祭祀，并由娘家人的男性代表向男方家的众神致献酒辞，大意是恭喜男方又添人口，希望两家人的亲家关系永远牢固等。娘家的女人们则进入产妇的休息室看望婴儿，和产妇聊家常。除产妇的嫡亲兄弟外的其他男人是不能进入产妇的房间的，就在客厅喝酒、喝茶、抽兰花烟。下午是婆家接待娘家人的正宴，晚上大家在客厅的火塘边或寨子的敞坝里跳喜事莎朗，庆祝新生命的诞生和家族的壮大，最后结束。一般娘家人只住三天，如果男方缺少人手，娘家人就会留人帮忙。①

出生报喜表明了羌族人民对个体人生和民族兴盛的美好向往和追求，包含着为新生儿和产妇的美好祝愿，也体现了对其家人的热烈祝贺。

二、抚养延续文明

1. 取名讲究与做"满月"

取名在羌族人眼中是大事，必须慎重对待。在羌族地区传统习俗中，婴儿产下3～7天就要为其取名。由于受汉文化的影响，羌族人的名字一般是三个字，一般情况下，名字的第一个字是家族的姓，第二个字是家族的辈分，第三个字是孩子的名。具体名字确定，过去要由释比或家族内辈分高的人或有声望的人结合婴儿的生辰八字和属相等来命名。

据羌族学者王宏研究，在取男名方面，用的最频繁的有柯木智、来可森、和木智、惹真波、瓦拉、巴嘱等。这些名字由来已久，并都存在许多相似的特征。比如，"柯木智"此名的由来：相传在很久以前，在维城后村之瓦萨宅子里，有一位善文好医勇武的羌族好汉，其名柯木智。每当本宅或他方之宅需要帮忙时，柯木智便主动上门给需要帮助的人提供就医等帮助。久而久之，他在这一方水土名声远扬，人们也越来越尊敬和爱戴这位英雄。然而，一场恶病却夺走了他的生命，曾经的救人主柯木智就这样走了，大伙儿为了永远记住这位英雄，

① 马宁．羌族社会的人生礼仪研究．民俗在适应与变迁中传承．中央民族大学出版社，2008：6～7.

让“柯木智”这位英雄的名字留传芳世，以示以“柯木智”英雄为榜样，继承和发扬这位英雄的所言所行。其他的“来可森”、“和木智”、“惹真波”、“瓦拉”、“巴嘱”等男名，其根源上与“柯木智”相似，概许都在就医、文化、战斗等方面具有特长或闻名；在取女名方面，“柯木泽”、“勒勒”、“楚木泽”等尤多，这些名字突出的共同特点主要是善舞、勤劳、好客等。

但现在羌族地区给孩子取名，第一个字是姓氏字，一般用父辈姓氏，后面可以取两个字，也可以取一个字的，没有统一的标准。在羌族地区绝大多数孩子还有个羌语小名。随着与外界交流日益增多，羌族孩子取名也出现了多元化趋势。

羌族地区还重视对婴儿做“满月”，体现对孩子成长历程的重视。做“满月”是羌族家庭、社会为了迎接羌族新生命而举行的隆重仪式，是孩子家庭的祝贺，也是对羌族兴旺的欢歌。做“满月”的时候，孩子的长辈、舅舅和其他亲戚朋友都要前来祝贺和问候。

2. 抚育习俗与“成年礼”

养儿养女望成人，羌族人养育儿女和举行“成年礼”，都是围绕着“成人”的自然和社会目的而展开的。

羌族对孩子成长历程的重视，过去还有一个重要习俗，就是成年礼。成年礼又称为男性冠礼，是由释比为一些年满16岁，第一次参加祭山会的男青年，举行的一种标志成年步入社会的成人仪式。“成年仪礼是为承认年轻人具有进入社会的能力和资格而举行的仪礼……自然年龄不是人成熟的唯一尺度；只有经过成年礼的承认，人才具有社会成熟的意义。”[①] 羌族俗语有言：“男丁十五岁穿铠甲，枪打得好；二十岁在议话坪[②]，话讲得好，就算好小伙子。”成年礼是羌族为男性青年

① 钟敬文．民俗学概论．上海：上海文艺出版社，1998：168.

② 议话坪：过去羌族村寨成年人讨论决定村寨大事的地方。

举行的一种极其隆重的仪式，以接受对性别社会价值规范的认识。一般是祭山会时在神林中举行，届时全村年满 16 岁的男青年身着崭新的羌族传统服饰在神林中的空地上集合，释比头戴猴头帽，身穿法衣，手握法器，面对石塔，先对天神木比塔进行祭祀，再对火神、树神、山神、地盘业主(寨神)、祖先神等诸神一一祭祀，接着将一只公鸡宰杀并把鸡血淋在石塔及塔上压的烧纸上，让神灵享有，希望他们保佑全村的男青年茁壮成长，成为一名真正的男人。释比一边念咒，一边带领他们绕“神塔”游走三圈，然后给每一名男青年发放一条用白色的公羊毛线栓系的五色布条（护身符），并用手指把陈猪油抹在他们的前额上，表示天神保佑，命根有系，已成人了。接着，要进行一种“请冠郎神”的占卜仪式，用光滑平整的大石板一张，上面涂层黄泥浆，用一只木桶盛满清水，将桶底座于石板上的黄泥浆中，桶梁上系着绳索抬杠，把参加冠礼的人分成若干组，每组 2～4 人，各组轮流抬杠，协力向上举起，若石板也随之被抬离地面，就认为冠郎神请到了，这组人今后的运气很好，能成大事，如果连续三次都未能抬起的话，就认为冠郎神没被请到，这几人的运气不好。接着喝酒、吃肉，唱羌族古歌，表演“盔甲舞”。回家以后，家人会给这些“新男人”准备丰盛的晚宴来庆贺他们成为大人，晚上还要由男青年的男性祖辈老人带领全家男性做法事，诸亲友围火塘而坐，男青年着新衣，由老人带领向供有祖先的神龛下跪行礼，老人手执杉杆，将白色公羊毛线系在男青年脖子上，然后也跪下和男青年一起向祖先神祈祷，祈求男青年得到祖先庇

貂皮法衣 （贾银忠摄）

护，与天地同岁，尔后再唱祖先功绩，祭祀家中诸神。从此，男青年才由一个男孩成为一个男人，具有了社会认同的成人身份，可以正式融入社会并参加社会活动了。①

第三节　社会礼仪

一、舅权崇拜贯穿人生过程

羌族人在社会结构上，主要以父系血缘为主，但在社会控制上，却主要依靠母系血缘。从母系血缘中引申出来的舅权，在羌村社会有着崇高的地位。“天上雷公，地上母舅”是羌族人常说的一句话。他们在形容舅舅时，是这样比喻的：“风都收不进，牛都拉不动，舅舅就得行。”甚至对一些生活中相克现象，也用舅权加以解释，如狗怕石块，是因为石块是狗的舅舅；蛇怕竹竿，也是因为竹竿是蛇的舅舅。舅舅是羌村社会至高的权威。

舅舅有时指实际的舅舅，有时是指母系血缘关系的亲戚，对此羌族人称之为舅舅家的人。舅舅既是个人又是集团，实际的舅舅去世，并不意味着舅权的消失，母系血缘关系中的人仍是舅权的代表。按照“一代亲、二代表、三代四代认不着”的原则，母系血缘的舅权只追溯到二代，第一代为小母舅，即“我”的舅舅、“我”母亲的兄弟；第二代为大母舅，即“我”的舅爷、“我”奶奶的兄弟。羌族人用媳妇或婆婆是出自哪家的姑娘来追溯。“亲不过小母舅，大不过大母舅”，事实上大母舅徒有其名，小母舅既是最亲，也是最有权。作为奶奶辈的兄弟，一般早已去世或年迈，所以大母舅往往已不是本人，而是奶奶娘

① 马宁．羌族成年礼探析．阿坝师范高等专科学校学报，2008（2）．

家的人，而且往往是好几家人，但一般以幺房为准。小母舅则离外甥家庭最近。因而最亲也最有权。

舅权的第一表现，在于对外甥的监护作用。舅舅有管教外甥的义务，特别是外甥在违反社会规则的情况下，舅舅更是义不容辞地要担负起责任来。甚至比“养不教父之过”的责任更大。过去舅舅对外甥的婚姻大事，有相当大的决定权，过去女儿许人，先要看舅舅愿不愿纳为儿媳，儿子相亲，也以舅家优先。在目前的羌村社会，舅舅已不能作最后的定夺，但如果舅舅作梗，事情仍会十分麻烦。

舅舅对外甥还有一定的抚养义务，他对外甥的成长负有责任，外甥对舅舅既怕又亲，外甥在舅舅家像在自己家一样。

在遇到意外大事时，大母舅或大母舅家的人就要出面了，当然也包括小母舅家的人。这时，舅权就主要表现在对一个家庭的监督和制约上。

首先，在遇到家庭纠纷时，要请母舅和亲属长辈同时出面调解，事实上各自代表男女双方利益；其次，外甥订婚、嫁娶必须经过母舅同意，从订婚到结婚母舅都颇费精力；再次，建造房屋，要选一个吉利的日子上梁，要请母舅及寨中亲朋相帮；最后，丧事中母舅的监督作用最为明显。人一咽气，第一件事就是派人通知母舅和请释比掐算吉凶及出丧日期，然后才是通知父系亲属及寨中亲友。

二、男女平等的羌村社会

羌族妇女在家庭中具有一定的地位。由于羌族妇女在劳动中占据重要地位，除了不从事犁地之外，从播种到收割的农活以及家务大多由妇女操持，因此，她们在家庭中具有一定的影响力。譬如儿女的婚姻大事需要征询她们的意见；家庭没有儿子的，财产可以由女儿、赘婿来继承。

男女平等的羌村社会可以通过他们的妇女节反映出来。千百年来，羌族流传着这样一个习俗，为祭祀天上的歌舞女神莎朗姐，每年农历五月初五，羌族妇女都要登上女神梁子，举行“瓦尔俄足”，汉语俗称“歌仙节”或“领歌节”活动，因是完全由羌族女性参加的习俗活动，又被史学界称作“羌族妇女节”。关于妇女节详细内容后面有表述。这个节日充分体现了对女权的尊重。整个节日活动也体现男女平等的社会风尚。

祭祀歌舞女神——萨朗　（任一民摄）

三、尊敬老人的民族美德

羌族是个重视礼仪的民族，在社会交往中，讲究长幼有序、尊老爱幼。羌族有敬老爱老的优良传统。羌族谚语有云："家中有个老，穷人有个宝。"他们认为"尊老爱幼是本分，待人谦和莫纷争"（婚礼《祝词》）；"养儿育女理好家，尊老爱幼是本分"（上坛经《离促》），他们将尊老与爱幼结合在一起，辩证地看待二者的关系。释比唱词《离促》（庆丰收）中唱道："丰收时节人欢庆，怎能忘却老年人！天天向上青年人，勤劳生产务耕作，待人谦和敬长辈，丰收时节人欢庆，希望寄托青年人。"羌族民间广泛流传着《孝子廖老幺》、《割肝救母》、《雷打忤逆子》等孝敬老人的故事。

生活中，尊老敬老的表现主要有：

家庭里的重要事宜，首先要征得老人或长辈的同意。一些地方小孩取名，须请辈分较高的老人提名，然后由其他人提名，进行比较后才确定。

老人或长辈进屋时，屋里的人都要起身迎接；宴席上老人和长辈坐在上位（位于神龛之下的位子），老人和长辈就座后，其他人方可入座；饮咂酒时，先要由年长者讲四言八句吉利话，由最年长者开坛先饮，然后依长幼次序饮酒，即使是寨首、团总（地方武装团防的头目）、乡保长等地方官员，亦不能在长者之先；早上起床，年轻人要向老人和长辈问安；儿女们不得随便说父母的姓名；父母与客人说话时，儿女不得插嘴；年轻人路上遇见老人要侧身让路，如骑马还须下马行礼；举行歌舞时，要由老人领唱和领舞。

过年时，"初二给父亲母亲拜年，初三给伯伯嬢嬢们拜年，恭恭敬敬地给老辈们拜年，祝福老辈子们吉祥如意"。逢大年正月初八、初九时，每家每户要请春酒，宴请长辈和寨中老人，有钱人还要在坟墓上画上十二孝图。

在老人六十花甲时，家人要给他或她做生，老人的直系后代和侄儿、侄女必须前来，做生唱词有说："他（她）辛辛苦苦把儿女拉大，

吃了不少苦，受了不少累，儿女牢记他（她）的恩德，要给来人做生许愿……儿女希望给老人留寿，长命百岁，健康长寿……”拜寿和拜生仪式上，晚辈均须逐一给老人磕头说祝福话。

老人逝世，要举行隆重的葬礼，一方面表达出对老人逝世的悲伤之情，缅怀老人一生的辛劳与付出，并铭记其恩德；另一方面葬礼上的各种仪式和规矩更极力表现出主人家对于老人的孝道，在社会上具有一种宣扬的功效，有些学者甚至认为“孝敬父母的情感强烈地表现在失去父母之时”。①

第四节　魂归自然

一、羌人眼中的今生来世

羌族特殊的民族历史、特殊的生活变迁、居住环境以及受生产、生活方式等的制约，长期形成了一种特殊的民族信仰和生活理念。羌族崇尚自然崇拜和祖先崇拜，信奉以天地日月、山川树石为神的原始崇拜和“万物有灵”的多神信仰。

1. 两个世界的联系人

在羌族人心目中，释比是神人之间的联系人。释比没有宗教性组织或寺院，但必须供奉历代祖师和猴头童子，与萨满教中的萨满非常相似。

释比熟知本民族的社会历史和神话传说，有丰富的社会经验和一定的医药常识，在生产力低下和科学不发达的年代，作为祭司，主持春祈秋报，从事祭山还愿、安神驱鬼、治病除秽、招魂消灾以及婚丧

---

① 揭光钊，黎万和．论羌族传统伦理思想．中国市场，2010（9）．

羌族释比 （贾银忠摄）

嫁娶、超度命名等巫术活动，是羌族社会中的精神领袖，拥有至上的地位和强烈的神秘感。依羌人观念，视天地日月、山川树石为神，笃信大自然有无数法力无比、威严神圣的神灵包含民族祖先神、英雄神等。受这种民俗信仰的支配，羌人自古好巫，衍生出崇尚祭祀、禳灾纳福、驱疫解厄以及婚丧嫁娶、生老病死等成套礼仪和民族习俗。在羌族社会中，年中祭山、祭庙、还愿祈福都是有规定祭日、时必隆重祭祀。而在众多的祭祀活动、生活礼仪中，不但有一套约定俗成的仪程、仪规，且必请一位德高望重、知识渊博、擅长占卜、能驱鬼邪，且能歌善舞，唱颂经典，还能编演由上述神祇、先祖、民族英雄事迹

为故事的诗歌、传说与戏剧表演的释比，出任主祭。同时，在羌族的日常生活中，人有疾患，以为是鬼魔缠身，请释比诵经请神，驱疫逐魔，或用法术含巫法、巫医、单方、草药等方式，为人解除病痛。释比是祭司，是巫医，是神与人、生与死、现世与虚世的纽带，更是羌族宗教、历史与文化的传承者。

2. 坦然接受的生死观

人总是要死的，每一个民族都有自己对死的态度和死亡礼仪。“重死”是羌族的文化情结，在羌人看来，“人有生错的，没有死错的”。死亡意味着离开了现实世界，而进入阴曹地府，即进入了祖先居住的“鬼寨”，因此死亡也有“回老家”的说法，羌族人对死采取一种“视死如归”的态度。对于生死，一方面羌族人把死比拟成自然界万事万物的生死兴衰，说明人有生有死的自然规律；另一方面又把生死灾病归结于不可知，不可抗拒，认为“死生有命，富贵在天”，表现出宿命思想。可见羌族对死亡有着客观的认识，认识到“死是任何人不可逃避的自然法则”。

依照羌族的生死观，人之死，其灵魂永不消亡，即所谓“灵魂不死”的观念。他们认为，人死只是离开所住寓所而到另外一个世界里去了。羌族以年满 60 岁后死为喜事，有“白喜事”之说。因此，同将新生成员隆重迎入一样，羌人也会将离世的人隆重送走，使他安定地到另一个世界里去。以大小母舅为代表的监控力量，要检验死者是否属于正常死亡，然后要对死者的一生进行总结，安慰死者心安理得地离去，对死者家属进行抚慰，表彰孝道。通过对死者的悼念，达到和谐社会的现实目的。另外，羌人对死者一般只说“送”，不言葬，对年长死者，尤其如此。由此也派生出羌族的丧葬礼仪和丧葬形式。

二、羌村社会的丧葬习俗

世界上任何一个民族、任何一种文化都有自己的一套独特的人生礼仪，人生礼仪是普遍存在的一种民俗文化现象。羌族是我国古老的民族之一，在长期的生产劳动和社会生活中，羌族人民创造了灿烂的文明，形成了具有鲜明民族特色的风俗习惯，而丧葬习俗则是其中不可缺少的人生礼仪之一。

1. 火葬本是传统丧俗

羌族主要的丧葬方式有火葬、土葬、水葬、岩葬四种。其中火葬是历史最为悠久的传统葬俗，至今仍为羌族所使用。古书《庄子》、《荀子》及《后汉书》等中，对羌族的火葬，都有记载。《庄子》中载："羌人死，播而扬其灰。"《荀子》中载："氐羌之葬也，不忧其系累也，而忧其不焚也。"《墨子·节葬篇》卷六载："秦之西有义渠之国者，其亲戚死，聚柴薪而焚之，熏则烟上，谓之登遐，然后成为孝子。"《后汉书》中则有"羌人死则烧其尸"的记载。《马可·波罗行记》中记述了西夏党项羌人的焚尸习俗："焚前，死者之亲属在丧柩经过之道中，建一木屋，履以金锦绸缎。柩过此屋时，屋中人呈献酒肉及其他食物于尸前，盖以死者在彼世享受如同生时。迨至焚尸之所，亲属等先行预备纸扎之人、马、骆驼、钱币与尸共焚。据云，死者在彼世因此得有奴婢、牲畜、钱财等，若所焚之数。柩行时，鸣一切乐器。"英国牧师托马斯·托伦士在《青衣羌——羌族的历史习俗和宗教》中说："死人时，要供奉祭品，死者都火葬。"清代甘肃《文县志》有"葬礼不知成服，唯聚薪焚之"的说法。清嘉庆年间《汶志纪略》有"殁而火化，捡骨掩之"之说。从以上历史记载中可以看出，羌族的火葬习俗由来已久，是有史可循的，并且是羌族的主要葬俗。[①]

从目前羌区一些地方调查，不少村寨，尚有火葬习俗，有的还保留着收藏骨灰的小木屋。羌人火场设置，以姓名为单位，一姓有一处。若村寨有二姓之多，火葬场也就有两个或两个以上。据文献记载，羌

① 马宁．羌族火葬习俗探析．阿坝师范高等专科学校学报，2005.

人火葬之俗，于清改土归流后，或受汉区葬俗影响，有了改变。一般为寿终正寝者行土葬，而非正常死亡者，则用火葬此种葬俗，在《石泉县志》和一些地方丧葬词中，均有反映。据考，羌人火葬之俗，与其过去的游牧生活有关。古羌人游牧为业，逐水草而居，居无定所。鉴于羌人持人死灵魂不灭之理，生命结束乃是死者灵魂升入另一个天国。火葬既可不使亲人把尸骨抛于荒野，又可让其乘烟进入另一天国。于是，聚柴火焚的火葬习俗，亦应运而生。

当然，火葬习俗能在羌族中代代相传，是有其深刻历史原因的。由于羌族所处客观环境的限制，祖先崇拜、民族心理、宗教信仰、家族观念等众多因素的共同作用，使羌族选择了火葬并流传了下来。

2. 土葬源于汉族习俗

据文献记载，羌族的丧葬习俗于清朝“改土归流”后，有了较大改变，一般实行土葬。这在《石泉县志》和释比的丧葬词中均有反映。释比所唱的丧葬经典有：“康熙四十二年（1685 年）前，羌人死后不用棺。草帘软裹架柴烧，寨寨都有火坟场。四十二年天下乱，乱后羌人归大朝，人死须穿六件衣，装入棺材用土埋。习俗改变行土葬，人畜兴旺万民安。”汶川许多羌寨的土葬墓碑所记时间最早的是清朝乾隆、嘉庆年间，土葬是羌人“改土归流”后才兴起的。这与清王朝的强制推行土葬和本地土司顺应中央政令，带头实行土葬有着直接的关系。“清嘉庆二十二年（1817 年）茂州属静州土司法从武母死，改火葬习俗，验周棺椁，筑坟以葬，悉如华制，人羡其善变。其后，羌族民间亦多用土葬。”①

近百年来，由于受到汉族习俗的影响，土葬已逐渐普遍了。目前，羌族地区火葬和土葬并行，小孩夭折后实行岩葬，一般人实行土葬，

① 马宁．羌族火葬习俗探析．阿坝师范高等专科学校学报，2005.

高寿的老年人则希望火葬，子女一般都会遵循老人的意志，以火葬的形式安葬老人。羌族的土葬，礼仪基本同于汉族，然也有其特点。

丧葬礼仪实质上充满着羌族人民对于生与死的体验与思考，也蕴含着人类对于自己的存在以及终极归宿的关怀。羌族人一生在空间上几乎都是凝固的，但在人生历程上却是充实幸福的，每个人在每一个环节上都受到社会充分的重视与尊敬。社会隆重地迎接新成员的诞生，又隆重地送别老成员的死亡，葬礼整个过程贯穿歌舞，寓哀于乐。通过羌族的丧礼，我们可以看到他们对死的从容态度，认为生死都是不可逃避的自然法则，因而有“白喜事”之说，这表达了羌民尊重自然规律，倡导视死如归的理念。整个丧葬礼仪过程由母舅监督，对一个人的一生作出评论，同时通过这一礼仪过程，检验、督促、勉励社会成员赡养老人，树立孝道。这一切羌族人只是按既定程序办事。人生并不费事，个人在层层关系网的监督和保护之下，从容地生活，安然地离去。

第五节 节日与祭祀活动

一、崇拜自然

1.“皇帝祭社，百姓祭天”

古代的羌民，由于对自然现象如日月星辰、风雨雷电等无法理解，对天灾人祸充满恐惧，于是产生了“万物有灵”的观念和自然崇拜。古老的羌歌中有这样的唱词：“顶大顶大的是天地，天地之后排神林。”传说远古大地一片蛮荒，羌人祖先焚香求助上天，天神阿爸木比塔命天兵天将将腰间佩剑和天庭花园内的九棵杨树、七棵柳树和三棵柏树送到人间，于是在羌人聚居的地方树木葳蕤、鸟语花香，每一个羌寨

都有属于自己无比神圣的神林，不得伐木狩猎。从那时起，羌人便将树神尊为天神和生命之神。天神所赠的佩剑则立于寨门处，它在瞬间化为守护羌寨的邛笼（碉楼）。

随着佛教、道教和藏传佛教（喇嘛教）的传入和影响，这种自然崇拜的“自发的宗教”逐渐发展成“人为的宗教”。但就羌族人而言，对他们影响较深的仍然是来自于对原始宗教的信仰。直到20世纪中期，羌族还保留着比较原始的多神崇拜。据有关资料统计，羌族崇敬的神共有30多种，大致分为四类：一是自然崇拜神，如天、地、山、树、火等自然神；二是祖先崇拜的家神；三是职业之神；四是图腾崇拜的社神，如狗、羊等神。羌族人信仰的诸神，除火神以锅庄为代表外，其余均以一种乳白色的石英石作象征，供奉在屋顶、山上和石砌的塔中。每一位神灵都掌管着不同的事务，因此对他们的祭祀参拜也有不同的含义。祭祀家神，意在继承和发扬祖先勤劳、节俭、和睦、孝顺等优良道德风尚，以示永不忘祖，严守民族古规。而祭祀职业神则是对羌族社会中占据重要地位的手工业者的尊重和崇敬，希望人们继承和发扬精于技艺、勤于劳作、勇于互助、为人民造福的道德规范。

谚语云：“皇帝祭社，百姓祭天。”羌族的祭祀活动中以祭天神为最经常，以祭山为最隆重。祭山实际也是祭天，因为祭山必祭天。

天神以供奉在每家每户的屋顶小塔尖上的白石为象征。虔诚的羌人，每天的早晨或黄昏都要在塔里烧烧柏枝，以示崇敬。若逢年过节或天灾人祸时，则敬神、祈祷更为频繁。农历十月初一羌历年和春节期间，全家老少还必须上屋顶祭祀，献以酒、肉、饭馍等供品，以表达对天神敬奉的虔诚之心。

在祭山大典上，要由释比分别在虔诚的羌人身上系上羊毛线，以示与羊同体。羌人的葬礼要宰羊一只，认为这可以为死者引路，并要解剖羊体，从其中相应部分来察看死者的病症所在，这显然是视羊与羌人一体化。

在茂县北路和黑水县一带的羌族中，还有崇拜白马的习俗，人们禁止吃马肉，传说白马有恩于羌人，这可能是白马图腾崇拜的遗迹。

茂县东乡土门一带的羌族，有吊白狗占卜丰歉的习俗。茂县渭门、土门等乡至平武县一带，寺庙或寨门多雕白狗，其形状异于汉族雕刻的石狮。从茂县东北至平武，唐代称此地羌人为“白狗羌”，这些似是白狗图腾崇拜的遗迹。

羌族宗教祭师释比认为，金丝猴是其祖师爷，他们尊猴为“老祖师”，作法时戴猴皮帽，供奉猴头，这可能是猴图腾崇拜的遗迹。

2. 白石崇拜

传说羌族的先民从西北往岷江上游迁徙时，遇到慓悍的“戈基人”，双方交锋，羌人屡战皆败，后来得到天神的指点，以白石为武器才得以战胜劲敌、安居乐业，所以羌族相信天神能祸福人畜，禳解灾难，为本民族的最高保护神，并以白石为象征，顶礼膜拜不止。①

白石崇拜实际上是一种灵物崇拜。是古代羌人在万物有灵观念和自然崇拜基础上产生的宗教信仰，灵物崇拜与自然崇拜的不同在于：灵物崇拜的对象往往是一块小石、一根树枝等微小物体，它本身不像自然的崇拜对象那样代表雄伟的自然力。但它之所以受到崇拜，是因为它身上附有神灵，代表着它本身的自然形体所不具备的某种神奇力量。古人认为供奉这些灵物，便会得到灵物所代表的神灵的庇护，以消灾得福。羌族白石崇拜，正是这样的灵物崇拜，人们崇拜的并非是白石本身，而是白石所代表神灵庇护。白石是诸神的象征，房顶上的白石代表天神，火炉旁的白石代表火神，林旁岗头或山顶上立的白石代表山神，田地里的白石代表青苗土地神……许多人家房顶塔子上立

① 《羌族简史》编写组，《羌族简史》修订本编写组．羌族简史．北京：民族出版社，2008：190.

有多块白石，除代表天神外，还代表别的神灵①。

白石神　（贾银忠摄）

羌族传统的宗教信仰是自然崇拜和祖先崇拜的统一。道教、佛教（包括汉传佛教和藏传佛教）等其他宗教在羌族地区也有程度不同的影响。

羌族信仰和崇敬的神共有30多种，大致可分为四类：

一是自然界诸神，如天神、地神、山神、树神、火神、羊神和其他牲畜神等，属于自然崇拜性质。二是家神，基本上属于祖先崇拜性质。三是劳动工艺之神，如建筑神、石匠神、铁匠神和木匠神等，是手工业在羌族社会中占据一定地位和手工业者受到特殊尊敬的反映。此外，各村寨还有自己的寨神，即地方神（社神）。②

除火神以锅庄为代表外，所有神灵均以白石（白色石英石）为象征被敬奉于羌族地区的山中、林地、屋顶和室内。一进碉房，就能体会到浓浓的宗教文化氛围。碉房的屋顶四角以及小塔的塔尖上一般供有五块白石，分别象征天神、地神、山神、山神娘娘和树神。其中，天神地位最高，能主宰万物，祸福人畜，避邪免灾。堂屋设有神龛，神龛用木板制成，下面贴有灶薇花，羌人称之为神衣。在神龛上一般供有家神（泛称角角神），这是羌家镇邪的保护神，掌管着家中全部事

---

①　王康等．神秘的白石崇拜．成都：四川民族出版社，1992：28～29.

②　《羌族简史》编写组，《羌族简史》修订本编写组．羌族简史．北京：民族出版社，2008：186.

务。家神包括祖先神、女神（保佑妇女之神）、男神（保佑男子之神）、牲畜神（保佑六畜兴旺）、财神（招财进宝）、仓神（守管家庭粮食和财物）、门神（挡住三灾六难）。此外，从事专门行业的家庭，还供有各自行业的祖师神。如释比家里供“猴头神”，医生家里供“药王神”，石匠家里供“石匠神”，木匠家里供“鲁班”，铁匠家里供“太上老君”。一些受汉族影响较深的地区，还供有灶神、土地神、观音菩萨、送子娘娘、马神、牛神、羊神、川主、关圣人、玉皇大帝等诸多神灵以及避邪的“泰山石敢当”。

在牧区人们把白石神供奉在山峰上或环境幽静风景独特的山坡上，虔诚祭拜的人们各自拿着白石（形状基本一致的）在神山上敬拜一次敬放一块白石，有的人一祭拜代表全家几口人就献几块白石（没有白石的用其他石子或小石板代替），天长日久，白石便堆积一大堆，即成了牧人朝圣的“麻呢堆”。朝拜的人们围着敬奉的白石（麻呢堆）的神山转祭又叫“转山会”。

在农业区，古羌人把白石供奉在神山上，汉代以后开始修建专门敬奉白石神的山王塔、山神庙、山王庙。1923 年四川羌区理县星上（今西山村）八寨在天盆山顶建了专门敬奉三尊白石神的白壁寺，白空、白羲、白郎三尊白石神。据《白空寿庙史·引香歌》记载：“周朝得道来到此，天盆顶上你安身。”“白空白羲白郎神，白石为神自古今，西天东土历代祖。”羌人信仰白石神有史为据的时间是周朝（公元前7711 年间）。与《公羊传·僖公三十一年》载“鲁效何以非礼？天子祭天，诸侯祭土”的祭俗一致。

羌人敬奉白石神，除在神庙里、神山上之外，还在各家的房顶上正中修有供奉白石神的石塔，在房背四周房墙的四角尖顶上供奉白石，有的大门门方顶上也供奉有白石神，镇邪驱恶。还有人去世后，在坟头上供白石，表示生死都崇拜信奉白石神。

二、缤纷的民族节日文化

羌族十分重视节日文化。他们除了重视过春节外，还要过清明、端午、中秋、重阳等节日。他们还过一些具有民族传统特殊节日。比较有代表性节日当数瓦尔俄足、祭山会、羌历年。

1. 流传千古的妇女节日——瓦尔俄足

瓦尔俄足节是最为古老的妇女节，这一民间且极为区域性的节日鲜为人知，原生态保存完好。2006 年，我国评定了诸多非物质文化遗产，这是我们华夏民族的文化脉络，也是不可再生的精神王国，在众多的非物质文化遗产的名单中，“瓦尔俄足节”便是其中之一。目前，保存最完整的地方是四川省阿坝藏族羌族自治州茂县曲谷乡河西村西湖寨。

羌族瓦尔俄足　（贾银忠摄）

曲谷乡河西村西湖寨的瓦尔俄足节是古羌文明的活标本。曲谷乡的河西村西湖寨千百年来一直传承着一个古老的文明，那就是祭祀天上的歌舞女神沙朗姐，时间是每年的五月初五，当地称这一活动为“瓦尔俄足”，羌语意思是“领歌节”或“歌仙节”。这一有着悠久历史的传统节庆活动，过去主要由妇女来主持和举办，参加的人主要是羌族女性。节日期间，寨中的妇女不分老幼，都会穿上鲜艳的民族服装，佩戴上精美的银饰前往会场，会场一般会在寨旁森林边上的空地，所以后人又把这一活动称作“羌族妇女节”。现在，则男女都可参加。节庆的活动是五月初五，但是五月初三就得开始准备。

羌族女性盛装　（贾银忠摄）

初五这一天在会首的陪同下开启咂酒，会首是负责开坛的人，在开坛前要致祝词，祝福全寨的人幸福无边、牲畜兴旺、粮食丰收。会首还将带领全寨的男女老少前往女神梁子祭拜，这是全寨中最为隆重的祭祀仪式，这一天会祭杀山羊牺牲，会首深情地唱起酬神的经文，祭祀的香烟带着人们无穷寄望的祈祷向神灵的居住地——神山的深处飞翔而去。这样的祭祀仪式规格几乎与羌历年相差无几。

男人们在空地上摆好了吃的喝的，四野里鲜花盛开，德高望重的老年妇女开始领舞，将传统的歌舞手传身授给下一代，古老的羌族文明便是在这样特殊的节庆中世代相传。这一天的歌舞以女性为主，男

人们一般是附和而歌而舞。而这样的时刻也是未婚男女约会的时候，他们会走向丛林深处倾诉心中的思念，也会为未来的生活画上美丽的画卷。三天的活动，女人们享受着男人的服务，他们端茶递酒，夹菜送馍……了解瓦尔俄足节对了解古羌民族的文化特质、女性习俗、民间文化形式及内涵和人类文明的进程都具有宝贵的价值，最为弥足珍贵的是，这是一个依然鲜活的活态文化，是集歌舞、饮食、宗教、习俗、服饰、建筑等于一体的民间文化集合，能在聚合的形式中较为完整地反映古羌文化的历史与民族特点，有很高的研究和欣赏价值。

羌族老年妇女 （贾银忠摄）

2. 崇尚自然的祭祀大典——祭山会

羌族最隆重的民族节日为“祭山会”（又称转山会）和“羌年节”（又称羌历年），分别于春秋两季举行。春季祈祷风调雨顺，秋后则答谢天神赐予的五谷丰登，实际上是一种春祷秋酬的农事活动，却始终充满浓郁的宗教色彩，更折射出远古神秘文化的光辉。祭山大典或祭山会是羌族的主要宗教祭祀活动，仪式由释比主持，又叫“山神会”、“塔子会”、“山王会”、“转山会”、“祭天会”。祭山会是传统祭会，是羌族祈祷天、地、人间诸神保佑羌族六畜兴旺、五谷丰登、森林茂盛、地方太平、百事顺遂的大典。羌族的村寨附近山上一般都有一丛由茂郁的老树组成的“神林”，树前通常留有一块空地作为祭祀的场所。

全村寨除了妇女以外的所有成员都必须参加。祭山的时间各地不一，一般是农历正月、五月、十月，一年一次或两三次。正月是岁首，五月是播种，十月是秋收。因此，祭山是祈年或“还愿”的活动。祭山时的牺牲各地并不相同，或杀牛羊，或吊白狗。他们带着月牙形或三叉形的白面馍馍和煮熟了的猪膘肉，清晨就随释比上山静候。祭祀仪式庄严肃穆且充满着神秘色彩。

新中国成立前，有的村寨一户备办一只白色鸡公、香、蜡、柏枝(柏香)、祭山的三叉馍及其他祭品。释比点燃柏枝，给人和祭品“解秽”驱邪。各种祭品须经柏枝熏过，人要净身，天神才能接纳。全家人中，除了已婚妇女不能参加外，其余穿戴一新，会首牵引神羊（祭山前要采神羊，先由羊主申报，后由会首筛选），各户男丁抱着自家还愿的白鸡，一同集聚山王庙或塔前的空地上。释比头戴猴皮帽，腰栓作法术的“鼓兜子”，将神羊分配给“天神、地神、山王、牛王”四神，天神是羌人的祖宗，地神是管土地庄稼，山神是管山水和森林，牛王是管六畜，诸神对羌人有功劳苦绩，所以要还羊愿。看“四神”分配的羊愿是否满意，执事人（会首）向羊口喷冷水，让羊惊吓发抖，羊发抖了，证明神已领受各自的祭羊，来领受众生的供奉反复几遍。然后，用五谷粮洒向神塔，撒向众生。释比跪在庙或塔前边念经边用五彩布及白纸裁白旗做祭物。然后，释比领头边唱边舞边打羊皮鼓，众人举旗尾随其后走向庙前或塔前。此间释比还要为第一次参加祭山的青年男子举行成人礼。

祭典结束，大家回到空地中以家为单位席地而坐。所杀的鸡、羊去皮毛，用一口“毛边锅”连内脏炖熟取出，切成块片，和匀后按户分份，分给所有参加祭山或庙会的人员吃。家家户户分别为释比、老者馈赠食物，尽情地吃，开心地畅饮咂酒，大家酒足饭饱，围着酒坛和篝火，跳起欢快的萨朗，唱起了酒歌，大家沉浸在热烈而欢乐的气

氛中。

下午在释比或“老者”的带领下排成纵队，唱起“嗬依沙”绕塔三圈后，大家返回各自的家中。整个活动仪式由释比主持，咂酒则由寨中德高望重的长者开坛。节日期间亲朋好友可互道祝贺，相互迎请。

3. 盛大隆重的羌族节庆——羌历年

“十月过羌年”是羌民族的传统佳节。羌语叫 Rrea jea（日麦吉）。意为吉祥欢乐的节日。这也是羌民族一年一度庆丰收、话团圆的民族传统盛会。其内涵与汉区之春节、藏区之藏历年等民族节日相近。羌族的历法是一年十个月，一个月 36 天。在“5·12”汶川地震之前，汶川、理县、茂县、北川羌族自治县轮流举办。

十月是羌族农牧区的金秋时节，粮食丰收、牛羊肥壮。为了庆祝丰年，定俗“十月过羌年”。有的羌族地区为答谢天神的恩赐，当年风调雨顺，人畜兴旺，粮食满仓，举行“过羌年还大愿”，故又叫做“还愿节”。为感谢耕牛（耕牛是羌人的衣食父母）的辛勤劳动，让耕牛也过节，用麦饼挂在牛角上，给牛“挂红”，喂养馍、鸡蛋等最好的食品，又叫做“牛王会”。人和耕牛都过年，这就是羌历年的来历。

羌历年的主要活动包括还愿敬神和吃宴席。

还愿敬神指兑现在春天时为祈求丰收对神许下的诺言。届时，全寨人由释比带到“神树林”前还愿。在他的主持下，焚柏香敬奉祖先和神灵，要用荞麦粉做成一种馅为肉丁豆腐的荞面饺，有的还要用面粉做成牛、羊、马、鸡等形状不同的动物馍馍作为祭品。在神灵前要杀牛羊祭天，将牛头或羊头供奉在林中的石塔上。之后，由 4 名男子抬着白石游走于全寨，全寨人各自领一份牛羊肉回家煮食，并邀亲朋好友共度佳节。

次日即为宴席日。又称吃“收成酒”。每家都要设家宴，吃团圆饭，出嫁的女儿也要回娘家。大家一起喝咂酒、跳萨朗，直到尽欢而散。在茂县维城、雅都一带，如果寨子里当年无人过世，还要在墙上画白色的“卍”字，以示平安顺利，寨中的小伙子穿着新衣，在彩色腰带上插3支野鸡翅翎，载歌载舞的到各家贺年。年节期间，寨子里一片喜气洋洋，人们不劳动、不打猎，夜晚篝火通明，歌声嘹亮，舞姿热烈。

羌历年是羌族人民共同的节日，每年都有各种庆祝活动举行，同时，增添了经济、文化诸多方面的交流①。

① 耿静. 羌乡情. 成都：巴蜀书社，2006：72～73.

第五章

民族经济与发展

从游牧业到农业生产方式的转变，是古羌人在历史发展长河中的一个必然选择。现代羌族科技也促进了中华民族的发展，其历法和医学很有特色。现代羌族男女职业分布存在差异，羌族女性接受了现代就业理念。羌族人民也非常重视各行各业全面发展，越来越多的羌族老百姓寻找各种致富门路。

第一节　从游牧走向农耕

一、“一本二本，庄稼为本”

1. 古羌人逐水草而居

古羌畜牧业肇始久远，早在远古时游牧于中国西部高原、山地的羌族先民即已成功地驯养了羊、牛、马、犬等家畜，孕育出世界上古老卓越的畜牧文化。因为牛羊等家畜都是以食草为主，所以古羌人一直逐水草而居。

羊是羌族驯养成功最早的家畜。它是远古草地的一种“盘羊”，其双角旋盘曲。羌人捕之圈养，加以驯化，并逐步将其改良为绵羊。中原原有羊种即属羌羊系统，系羌人内迁带往。

汉代文献《说文解字·羊部》称："羌，西婼羌，西戎牧羊人也，从人，从羊"，又说以"产牧为业"，把羌作为从事畜牧、以养羊为特色的民族。赵充国击败先零羌，一次掳获马牛羊十万余头。东汉永初七年（113 年），马贤与侯霸掩击西羌。首掳千人，得驴、骡、骆驼、马、牛、羊二万余。元初四年（117 年），任尚击北地羌狼莫，掠得牛、马、驴、羊、骆驼十余万头。建光元年（121 年），马贤击斩当煎种羌卢忽，掠马、牛、羊十万头。这表明文献谓"牛马衔尾，群羊塞道"的描述不虚，其畜牧业已具有很大规模。以后，羊一直是羌族饲养的主要家畜。

被誉为"高原之舟"的牦牛，也被古羌人最早驯养成功。至少在殷、周之际，他们已将凶悍、狂暴的野牦牛驯育成乳肉毛役兼用的家畜，其产品已销到中原地区。牦牛曾是生活于青藏高原及其沿边地区游牧人普遍牧养的家畜之一。今天羌族地区饲养牦牛已不及其他牲畜数量多，但在一些羌寨公祭其祖先时，还必以牦牛为牺牲，名之"还牦牛愿"。言其祖先自盛产牦牛处迁来，可见其流俗久远。

此外，古羌人很早就把牦牛和黄牛杂交创造出犏牛这样一个新型家畜。其性格之温顺，产乳量之高，肉味之美，驮运挽犁力之强，以及对气候变化的适应性，均远胜于牦牛，早在周、秦时期，他们已经大批地生产这种优良原牲畜，并销到中原地区。

古羌人养马的历史也很悠久。古代羌人地区历来出产善马。

古羌人驯犬以助牧畜，它是放牧时的好帮手。在主人逝后，常以狗殉葬。今天，羌族依旧尚养狗，用以守家护园，协助狩猎。民间有"人吃狗粮"的传说，有忌食狗肉的习俗。

2. 今羌人以农业为生

传说古羌兴起后，"羌"应是羌人中最早转向农业生产的一支，是

其最先进的部分。传说我国农业始祖“神农民”即为羌姓。《后汉书》之《西羌传》、《来歙传》分别记述了东汉军队掠羌人之麦，一次性达“数万斛”、“数十万斛”之多。

现今羌族依然种麦，有青稞、大麦、小麦等。除种麦外，羌族还种植粟米，还培植了芜菁（圆根）、芸苔（油菜）、蹲鸱（芋）、核桃、花椒等作物。新中国成立前，岷江、涪江上游羌族主要种植玉米、青稞、小麦、大麦、土豆、荞麦、豆类等粮食作物；经济作物主要是核桃、花椒、苹果、茶叶、油菜等。玉米、土豆分别于清乾隆、同治年间传入，苹果系于民国年间引种，余则均为羌区传统作物。所产土豆、白云豆颇负盛名。而“茂县苹果”、“茂县花椒”（产地皆不限于一县）、“北川茶叶”皆是四川名产。

劳动情景　（贾银忠摄）

由此可以看出，从游牧业到农业生产方式的转变，是羌族人在历史发展长河中的一个必然选择。

二、"穷不丢猪，富不丢书"

在羌族人中流行着一句俗语就是"穷不丢猪，富不丢书"，说明了畜牧业生产的重要性和教育发展的必要性。今天，养猪占羌族畜牧业中第一位。

畜牧业起源于原始狩猎活动。远古人群"拘兽以为畜"，现在的家猪就是从野猪经过漫长的拘养、驯化而来的。羌族人养猪的历史悠久，源远流长，猪种资源众多，养猪经验丰富。羌族人养的猪骨骼细致、早熟易肥、肉质嫩美、繁殖力高、抗病力强、耐粗好养，很早就名扬国内。这和当地饲料来源丰富、多用煮番薯、米麦糠等饲养有很大关系。

此外，现代羌族人民还饲养羊、牛、马、犬等家畜。这些都构成了羌族人民的重要收入来源。

第二节　教育孕育民族希望

羌族是一个古老的民族，有着几千年的文化，但却没有用自己文字记载的历史。在这种情况下，要向本民族成员传播本民族的发展史及其文化，只有依靠以言语及行为为主要传承手段的民俗活动来完成。

羌族文化的发展是一代又一代羌族人努力的结果，其文化的传承和发展在古代主要是依靠羌族社会中口耳相传、风俗习惯等方式实现自然传承，而在这个传播过程中，前面提到的释比起了重要作用。羌族正是这样使得民族文化得以代代传承下来。

新中国成立后，羌族教育得到了长足的发展。

据2010年第六次全国人口普查统计，羌族6岁及以上人口共计28.95万人，其中未上过学的占7.04%，受过小学教育的占42.17%，受过初中教育的占31.26%，受过高中教育的占11.18%，受过大学专

科教育的占5.29%，受过大学本科教育的占2.90%，受过研究生教育的占0.15%。

一、学校教育长足发展

新中国成立前，由于“官吏漠视，或轻边氓愚陋而忽略；师资缺乏，能粗通文义了解社会自然之小学教师，每县不过数人；经费枯窘，学款奇绌，以及人民生活困难，无力培育子弟”。[①] 仅有的几所破烂不堪的初级小学也“无完备健全者，若高级小学校，或竟阙如，或有其名而已”。[①]因此，羌族人民绝大部分是文盲，尤其是妇女，几乎没有识字的。羌族人口最多的县——茂县只有一所初级中学和20所小学（包括私塾），仅有中学生65名（其中少数民族5名），小学生1000余人。而且，那时学校的大门还只是向地主、土司等统治阶级开设的，学杂费十分高，羌族群众根本无力负担。恰如民歌所唱——“高山羌寨苦命人，一生难进学堂门”。

1932年创办的茂县沙坝边民小学，是在羌族聚居点“实施初等教育的开端”。1940年，国民政府推行国民义务教育，羌族地区各县相继在乡（镇）和保分别设立了中心国民学校和保国民学校。直至1949年中华人民共和国成立时，羌族总人口中仍有约95%是文盲，各地学龄儿童的入学率仅为2%～4%。

新中国成立后，羌族教育得到了长足发展。

随着党的民族政策的贯彻执行，在发展生产和改善生活的基础上，羌区的民族教育事业也逐步发展起来。首先，努力普及小学教育。在羌族聚居的村寨增设了一批民族小学，开办寄宿制和半寄宿制小学（班），实施羌语辅助教学，注重学生德、智、体全面发展，使羌族真

---

① 邓锡侯．四川松理懋茂汶屯区屯政纪要．1936.

正有了为本民族服务的小学教育。以茂县为例，该县 1950 年仅有 42 所小学，在校生 1072 人，教师 95 人；此后学校和学生数量不断上升，最多时是 1975 年，有小学 223 所，在校生 1.3 万人左右；之后略有下降，到 1990 年，有小学 188 所，在校生 11 912 人，教师 693 人。学龄儿童入学率由新中国成立初期的 14%提高到 90%。少数民族学龄儿童入学率由新中国成立初期的 4%提高到 89.2%。其次，中学教育也得到较大的发展。1949 年秋，茂县县立初级中学招收高中学生 10 余名，开创了羌区高中教育的先河。1980 年茂汶羌族自治县已有中学九所，在校学生 3370 多名，比新中国成立前增加数十倍，其中少数民族学生 2000 余名。在北川羌族自治县，1979～1991 年共培养初中毕业生 13 700 余人，高中毕业生 3600 余人，与 1949 年仅有 127 名初中毕业生相比，发展速度之快不言而喻。再次，高等教育从无到有。1978 年，为加快阿坝州少数民族教育发展步伐，经国务院批准在汶川创建了阿坝师范高等专科学校。这是阿坝州羌区有史以来的第一所普通高等学校。最后，群众业余教育也在发展。新中国成立后，为了提高农村各族群众的科学文化水平，不少村寨办了识字班。特别是在合作化初期，曾掀起了扫除文盲的热潮，村村有夜校，寨寨有识字班。

在“文化大革命”时期，羌族的教育受到干扰和破坏。

改革开放以来，党和国家制定并采取了诸多政策、措施，推动了少数民族教育事业的发展。1984 年 5 月，第六届全国人民代表大会第二次会议通过的《中华人民共和国民族区域自治法》中明确规定：民族自治地区的自治机关根据国家的教育方针，依照宪法规定，决定本地区的教育规划、各级各类学校的设置、学制、办学形式、教学内容、教学用语和招生办法；自主地发展民族教育，扫除文盲，举办各类学校，普及初等义务教育，发展中等教育。1992 年以来，教育部、国家民委先后出台了加快发展民族教育的若干措施，有力促进了包括羌族

教育在内的民族教育的发展。此时期，羌族教育取得不小的成绩。

九年制义务教育普及加快。1990 年汶川县率先在阿坝州实现普及初等教育，并成为四川省第一个实验教育普及县，1998 年又全面完成基本普及九年制义务教育，同期基本扫除青壮年文盲。20 世纪 90 年代末期，汶川县普及初等教育人口覆盖率已达到 100％，对于生活在汶川的羌族人民来说，所有青少年都享有了受教育的权利。而且，汶川县内还有省、州建立的高、中等专业学校 8 所，教育体系比较完备，羌族人在本县内即可享有接受高等教育和职业教育的机会。羌族人口分布较集中的理县在 1990 年也基本实现了普及初等教育，成为四川省民族地区第二个实验教育普及县。羌族人口居住集中的通化、薛城、蒲溪、上孟、下孟等乡（镇）基本实现了普及九年制义务教育。

为了提高初等教育质量，四川省教委将理县列入国家教委和联合国儿童基金会提供无偿援助的小学教育实验项目县，在羌族人口分布的桃坪、通化、木卡、薛城等中心校实施实验项目，以提高其质量。这些都极大地推进了羌族地区教育的发展。北川羌族自治县在 1997 年实现了 94％的乡（镇）普及了初等教育，37.5％的乡（镇）普及了九年制义务教育。此后又通过两年努力，到 1999 年实现普及九年制义务教育覆盖率 100％。2000 年前后羌族人口各主要聚居县都普及了九年义务教育，平武县、北川羌族自治县、汶川县“两基”[①] 工作分别于 1998 年、1999 年、1999 年通过了省、市（州）人民政府的达标评估验收；理县、茂县、松潘县“两基”工作分别于 2001 年、2003 年、2005 年通过了省、州人民政府的达标评估验收。

近年来，作为少数民族大省的四川，为促进羌族等少数民族教育事业的发展，采取了一系列的有效措施。如 2001 年颁布的《四川省民族地区教育发展十年行动计划》中提出，自 2001 年起，每年投入

---

① “两基”：基本普及九年义务教育和基本扫除青壮年文盲。

3亿～4亿元用于发展民族地区的教育事业。到2007年，资金投入持续增加，全年共下拨“十年行动计划”资金4.9亿元。羌族教育也在上述政策和措施的推动下获得了巨大的发展，羌族人民的受教育程度不断提高，师资队伍明显加强，教育体系和设施逐渐完善。阿坝藏族羌族自治州率先在全省少数民族地区实现了整州“普初”[①]和“扫盲”，“普初”人口覆盖率达100%，非文盲率达96%，全州1237所小学，在校生达100 189人，学龄儿童入学率达97.1%；全州4个整县另53个乡镇实现了“普九”[②]，人口覆盖率达65%，全州46所初中，在校学生达30 468人，13～15周岁学龄人口入学率达53.84%，初中阶段入学率67.48%。

二、教育培训促羌村多行业发展

新中国成立前，由于民族歧视及统治阶级忽视，羌族的社会教育直到20世纪40年代仍处于以口耳相传和观察模仿为主的原始状态。

新中国成立后，首先通过社会教育，培养各个行业人才，也推动各个行业发展。羌区人民政府高度重视发展社会教育，把发掘、搜集、整理羌、藏民族文化遗产和开展民族文艺创作等作为重要任务。各县既不断优化和繁荣传统的社会习俗教育、民族文艺教育和社会性体育等，还把群众卫生教育、成人扫盲教育和干部培训等逐步推向深入，不少乡镇和机关单位还组建了农友之家、职工俱乐部等，电视差转台、教育电视台也逐步新设和开通。这样，通过开展社会教育形式，推动各个行业发展。

其次，通过各类型学校教育培训促羌村多行业发展。新中国成立后，羌族教育不断发展。现初步形成从学前教育到高等教育的结构层

① “普初”：基本普及初等教育。

② “普九”：基本普及九年义务教育。

次完整的学校教育系统，各类社会教育内容丰富、形式多样，手段日趋现代化，构成了具有羌族特色的立体教育体系。

特别需要指出的是，职业技术教育，为培养羌族地区各类人才发挥了重要作用。40 多年来，羌区中等专（职）业教育迅速发展。至 2005 年，汶川、茂县、北川羌族自治县等地已有师范、农业、农机、财贸、职教等多所中专。这些学校不仅为羌区培养了大批具有中等专业技能和职业技术的人才，而且初步形成了门类较齐备、培养方式较灵活的专（职）业教育系统，走上了与普通教育、成人教育相互促进、协调发展、主动为振兴民族经济服务的路子。为加快四川少数民族教育发展进程，1978 年经国务院批准在汶川创建了阿坝师范高等专科学校，经过 20 多年的发展，已有 10 余个系和少数民族预科部及干部专修科，为羌、藏、彝等少数民族培养不少中学教师和党政干部。

最后，通过各类专门或专题培训，促进羌村多行业发展。针对羌族地区劳动力素质差的问题，在 20 世纪 80 年代四川省财政就帮助该地区贫困县建立“扶贫开发培训中心”。这些中心与当地县农技站、农技校、职业中学以及有关部门联合举办培训班，向农民推广“一看就懂，一学就会”的实用技术，如地膜玉米、生猪快速育肥、果茶树病虫防治及改造技术等，提高该地区劳动力的农业生产技术水平，逐步做到为每个贫困户培训出一个精通一定农业生产技术的人。

同时，近年来该地区采取种种措施“走出去，请进来”。一方面将本地的有关工作人员送到东部地区的院校、对口单位进修、培训；另一方面鼓励吸引发达地区的专业技术人员到该地区进行智力开发、智力支持活动，通过他们到该地区讲学、培训和开展咨询活动，为该地区开发智力资源，培训技术人才。

第三节 文化发展与民族复兴

羌族文化也促进了中华民族的发展，其文化技艺最有名的要算那独特精湛的建筑技艺，还有那源远流长的传统技艺。而现代科技更是惠及百姓。羌族伴随着现代科学的发展，社会正发生着不同程度的变化。来自这一古老民族的独特智慧也反哺着我们的城市文明，为羌族的文化传承和科技发展增添了一抹绚丽的色彩。

一、羌族文化技艺的嬗变

羌族作为我国较古老的民族之一，在历经世世代代的成长与变迁后，形成了其颇具特色的文化技艺。羌族非凡的文化技艺主要体现在其传统建筑工艺、手工艺品制作和源远流长的传统技艺上。同时，古羌人在历法、天文、数学、医学等方面也取得了非凡的成就。

1. 源远流长的传统技艺

在羌族源远流长的传统技艺中，要算那前面提到的独特精湛的建筑技术和艺术奇葩挑花与刺绣。当全国各地慕名而来的游客寻访羌寨时，总会被羌族奇特而又雄伟的古建筑群所吸引。错落有致、美丽宁静的羌族村寨被人们喻为神奇的东方古堡，置于其间的确让人流连忘返。而挑花、羌绣的独到之处在于它的做工精细、技艺精湛。因前有介绍建筑和手工艺术，在此不予赘述，本部分重点介绍羌族的其他传统技艺。

古羌人的其他技术如制硝、制硫、制黄烟等也名盛一时。历史上羌族手工业成就尤以兵器制造和毛纺织最为著名。甘、青、川、新等羌人故地古文化遗址中，曾出土过大量的铜铁剑、刀、钺、箭镞、铠甲泡饰、鍪、鞴（护臂）等。其形式很有地方特色，显系当地民族

创造。

古羌数学、历算、天文等知识自成一体。

据史书记载，我国古代有轩辕、夏、殷、周、鲁等六种历法。而夏、周两代王朝制定的历法一直沿用至今。夏王朝的正历《夏小正》被羌人以祖历继承发展为现代的羌历；周王朝的周历被继承发展为今天全国通用的农历。

那么，羌历（夏历）是根据什么制定的历法呢？是根据古羌人所居住的高纬度实际地理位置和实际气候制定的。

过去羌人居住在地势高、气候寒的地区，在南国水产乡正是春暖花开的时节，而羌人居住的高原地区仍是“千里冰封，万里雪飘”之时。比如现代羌人居住的四川省汶川县、理县、茂县等地都要在五月份方能收割。所以羌历法与羌族地区的实际气候变化和农时是相合的、适用的。

计算年、月、日、时的羌历被羌人在实际生活中一直沿袭下来。虽然当代羌人都通用农历（周历）和公历的历法，但释比仍按羌历法计算年、月、时、日，计算之准，其他历法难以相比，故羌人称之为“铁板算”。“铁板算”就是现代羌人的历法书。

2. 惠及百姓的现代科技

新中国成立后，羌族主要农作物的生产技术不断提高，原先从不注意选种，逐步做到了选好种、选良种。原来有的地区玉米播种采用点播，且播得比汉族地区稍密。1953 年在当时的汶茂等县，推广玉米单株密植，试行人工授粉等新技术。

以挖掘药材为主的采集，一直是羌族重要的家庭副业，且挖掘和识别的水平很高。羌活、贝母、大黄、木香、虫草等药材的挖掘，逐年得到发展。如今，破除了陈旧落后意识的羌族人民，药材采挖已与栽植和综合利用有机地结合在一起了。养蜂业也是羌族一项颇有技艺的家庭副业。

同时，现代网络、计算机技术、教育、医疗卫生、广播电视电影、计生服务、体育、社会福利等现代科技设施等正造福羌族人民，不断提高羌族人民物质文化生活水平。

特别是改革开放以来，现代科技深入羌族地区，羌族现在有了自己的科学家和学术带头人，科技在社会经济发展中的贡献率成倍增长，羌族的经济和社会面貌发生了翻天覆地的变化。

二、羌族医学的传承

1. 传统民族医药医技

羌族在其社会历史发展的长河中，逐步形成了颇具自身特点的民族医学。由于羌族没有文字，这种医药技能只能以经验医学的形式、以家传或师承的方式代代相传，得以继承。现在我们所了解到的羌族医学历史就拥有治疗常见多发病和地方病的多种方法及药物。羌族医药以它的实用性强、简便易行、疗效显著等特点深受羌族人民的信赖。

羌族医药有它独特的用药习惯，常用药物多是产自当地的天然药材，如植物药冬虫夏草、贝母、羌活、独活、黄芪、天麻、当归，动物药熊胆、鹿茸、麝香，矿物药水晶石、水母石、石膏、雄黄等，疗效较好。

羌族医药的治疗方法和所用工具也比较简单，多采用牛角罐、挑刺、针刺、放血、火灸、推拿、按摩、刮痧、拔火罐等。用药剂量无统一标准，采取一把、一握、一撮等经验量法，一般鲜用或晾干用，具有新鲜、味浓、效快的特点。只有治疗需要内服剧毒药物时才加工炮制，保存了古老的治疗方法。用药特点在于里外并重，不管治疗内科任何疾病，都主张内服外用药，突出了羌族独特的理疗方法。

这其中最神秘的就是在羌族地区至今仍然盛行的所谓“巫医”，也

就是流传于羌族民间的对一些疾病的古老疗法。比如对于外科患者，羌医会先念咒语，后化一碗水喷至患处。然后施治，用以羌医祖传秘制的药物，如此数次即可痊愈，恢复如初。此外还有打咂筒（拔火罐），用于治疗损伤瘀血的患者。羌医仍是先念咒化水，喷于患处，随后用一利刃刺患处，患者无痛觉，然后将火罐置于患处，不久去掉火罐，将罐内瘀血倒掉。患者肿胀痛顿感轻松。无名肿痛也可拔火罐，疗效亦佳。还有一种被称为鲜羊皮疗法，用于治疗风寒湿肿痛、腰腿关节痛的患者。羌医需要活羊一只，宰后扒皮趁皮还热时让患者脱光衣服坐于火边烤着，把热羊皮裹在患者身上，定要裹紧。用大火让患者翻来覆去猛烤，直到患者烤得大汗淋漓，方可剥去羊皮。患者的汗黏稠奇臭，要迅速用热水洗净患者汗液。慢慢恢复正常体温，治疗完成，患者顿觉疼痛消失感到浑身舒坦，神清气爽。诸如此类还有许多急救法不胜枚举。通过这些我们不难看出羌族传统医学的博大精深，也不禁感叹羌族人民的智慧和才华。

2. 现代医疗卫生工作

新中国成立后，党和政府非常重视当代民族卫生事业的发展。为了加快发展羌族地区的医药卫生事业，针对羌医的历史文化资源及其特殊的治疗方法，国家做出了一系列保护和传承措施。1992 年于茂县成立了羌医药研究中心，抽调 6 名工作人员从事羌医药的资料收集、挖掘、整理研究和推广应用工作。现改为茂县羌医药研究所。除此以外，汶川县威州镇羌医骨伤医院和成都市金牛羌医骨伤医院也分别开展了以推广、应用、研究羌医羌药为主要特色的医疗机构。四川阿坝州还向国家中医药管理局申报了《羌族民间医药收集整理》课题计划，1993 年该课题被国家中医药管理局批准为第三批民族医药课题。经过众多专家的不懈努力，历经 4 年的努力，将调查收集的民间羌医药资料，以及 200 余个单、验方进行了初步的研究整理。对羌医药的起源、变迁、流传等方面的历史、现状以及羌医羌药的理论、诊疗特点作了客观、实际的记载和研究，撰写了课题论文，整理、载册118首羌医药单、验方（包括外治法）。该课题填补了羌医药研究空白，获得了四川省中医药管理局科技进步三等奖。

但是由于羌医学起步较晚，与各兄弟民族的医学理论、医药技术差距较大，还需要不断地学习、改进，全面创新，深层次发掘现代羌医特殊治疗技术，充实羌医学的深奥内涵，才能够紧跟各民族前进的步伐。

现阶段对于积极开发利用羌族药材，我们要重视研发技术和科技的投入，吸收民族文化的先进成果。羌医药有着悠久的历史，而羌族分布的地区又是许多名贵药材的天然产地，这些药材疗效突出、品种繁多、产量丰富，畅销国内外。因此，羌医药的特色和优势突出，我们应该积极利用其优势并与现代医药科技互为补充，共同承担起中医药事业的发展重任。羌医药的不断发展，也为当地人民的医疗、预防发挥了积极的作用，如独立的羌医药骨伤医院的建立，方便了群众就医，社会效益显著，前景十分乐观。

第四节　人口就业与职业

由于历史原因，我国的少数民族地区经济发展远远落后于国家整体水平，近年来，国家实施西部大开发战略惠及广大民族地区，为西部地区提供了极大的发展契机。人口素质与就业基准是少数民族地区实现经济发展的必经之路，也是我们需要大力支持扶持的方面。随着经济社会全面发展，羌族人口就业和职业发展产生了巨大变化。从过去传统农业开始转向多种经营，职业也出现了多样化趋势。

从羌族人口就业看，女性就业领域很有特色，男女人口职业分布差异突出，同时，羌族女性也开始接受现代就业理念。羌族人民也非

常重视各行各业全面发展，俗语说“要得富，找门路”，越来越多的羌族老百姓寻找各种致富门路，让我们看到了一个充满希望和活力的新时代的羌族社会。

一、羌族人口的行业分布特征

据2010年全国第六次人口普查统计资料推算，羌族人口的行业分布特征突出表现为在业率高，农、林、牧、渔业所占比重大，约为72.94%。15岁以上的人口在业率为75.80%，比汉族的75.25%高0.55个百分点。

羌族地区经济目前虽然还比较落后，农业经济占主导地位的局面还没有得到根本改变，但是以制造业、批发和零售业、建筑业、住宿和餐饮业、交通运输、仓储和邮政业为主的第二、三产业的快速发展已显现。大批农村劳动力从农业中解放出来，从事非农产业，从而使从业人员在各产业部门之间的分布发生了明显变化，且不少行业从业人员所占比重的变化速度快于四川省的平均水平。可以预见，随着民族地区各项优惠政策的贯彻落实，以及各地区各部门对发展民族地区经济的扶持，羌族聚居地区社会经济将会得到更快发展，羌族从业人员在产业部门的分布将会发生进一步的变化①。

二、女性就业特色鲜明

羌族是中华大家庭的古老民族之一。在羌族辉煌的成就中，羌族女性发挥了不可估量的作用，妇女能顶半边天，一点也不假。“5·12”大地震破坏最为严重的汶川、理县、茂县等地区，正是中国30多万个羌族儿女的聚居地。勤劳勇敢的羌族人民没有在地震中倒下，他们以

① 田雪原. 中国民族人口（二）. 北京：中国人口出版社，2003：570.

不屈的身姿向外界展示这个古老民族一脉相承的刚毅与坚强。灾后羌族地区经济发展滞后，异地就业或常规渠道就业较难，特别是大量的羌族妇女，更是此次受灾的弱势群体，由于受灾，很多家庭几乎断了生计。正当人们为此担忧之时，吃苦耐劳的羌族妇女则显示出她们独到的智慧，让人们真切地感受到那句“谁说女子不如男”。

劳作而歌的羌族妇女　（汤芸摄）

1. 男女职业分布存在差异

大多数羌族人口都是从事农业的，农业生产所得是人们主要的收入来源。此外，还有一些从事运输业、建筑业、采集或养殖业等。但与农业相比，这些都仅仅是兼业。过去，羌族男性一般从事重体力劳动，女性则除了干农活外，家庭内部事情比如刺绣、家务活等做得较多。

据 2010 年全国第六次人口普查统计资料推算，羌族女性从事农、林、牧、渔业的比重为 76. 28%，比羌族男性的 70%高了 6 个百分

点，羌族人口在非农产业中所占比重女性低于男性。男女两性人口在各非农产业部门间的差异明显。女性从事采矿业、建筑业、交通运输、仓储和邮政业等的人口明显少于男性；女性从事批发和零售业、住宿和餐饮业、卫生、社会保障和社会福利业等的人口则明显多于男性。纵观羌族在业人口在各非农产业部门分布状况，可以看出，女性人口在那些劳动强度较小所占比重高。男女人口职业分工存在差异。

2. 羌族女性接受现代就业理念

随着社会的变迁，羌族女性的就业理念也在不断发生变化。尤其改革开放以来，他们接受现代就业理念洗礼后，就业领域越来越广。2008 年汶川大地震后，更多的羌族妇女进一步正视自身价值，发挥她们独特的技艺，开创了新的专属于她们的事业。

由于羌族妇女擅长刺绣，技术精湛、精美实用。羌族妇女足不出户也可以制作各具特色的羌绣产品。地震毁掉了她们的家园，却无法摧毁她们的心智。勤劳的羌族妇女们，定会用一双巧手绣出美好的未来。有关部门还在茂县、汶川等地设立了专门的羌绣帮扶中心，不仅负责接受各地订单、品牌塑造和运营推广，还负责绣工招聘、培训和管理、订单的派发、生产计划实施和品质把控等。羌绣蕴含的人与自然和谐相处的精神，与现代人追求自然、原始、纯真的心理状态不谋而合。羌绣工艺是羌族人民在长期的劳动生活中创造、积累而成的。因此羌绣的开发和利用也具有重要的现实意义。对羌绣的开发和利用，在尊重民族文化的前提下，在继承和发展

羌绣　（贾银忠摄）

的基础上，所带来的效益可以看做是这一古老文化赠与我们的礼物。

三、三百六十行

1. “要得富，找门路”

三百六十行，行行出状元。不论从事何种职业，人们总是对美好的生活充满了期待。“要得富，找门路”，这也是流传于羌族人之间的一句俗语，它道出了羌族经济的另一个特点，那就是以农业为主的生产方式已经不再能满足人们日益增长的物质需求。因此，开展形式多样的副业成为解决经济来源的主要手段。大山里的羌族人民要想过上富裕的日子，必须在农牧之外另找出路。

由于农业生产的漫长周期，在一年之中有 2/3 以上的农闲时间，再加之居住在山区的羌民人多地少，大量的富余劳动力也希望能在农牧之外找到赚钱致富的出路。于是充满智慧的羌族人又想到了许多赚钱的门路。羌族传统的科技工艺是与其传统生活息息相关的，不仅丰富了人们的生活也给人们找到致富的道路。羌族最出色的工艺是琢玉。古时候，羌民们就凭借犀利的石英块制的刀锥，制成骨纺轮、球串等装饰品；又利用纺轮相互带动，加快了琢磨的速度，把石英、玛瑙等坚石琢磨成刀、斧、圭、璧等使人爱悦的器具。作为商品，与附近农业部落兑换粮食及其他物资。

作为古老游牧民族的羌族人民曾经游牧于高原草甸，居无定所，故而形成了他们扩散性强，适于商业发展的特点。可以设想，羌族驯养羊牛既成，在女性中心氏族组织时，便各命其男子，带着剩余牲畜，逐水草而移转扩散，逐渐占有整个青藏高原的顶部草原，形成若干的氏族部落。由于生产发展的不一致，由于内部交换的发展，进而有了外部交易。待四周农业部落形成以后，农牧交换也显示出必要。这时，羌族苦于农业发展受到地理条件的限制，遂利用牧业的优势，发展商

业，通过水上交通，把自己多余的畜产品如羊毛、毛皮、牛毛、牛皮、干肉、乳酪（干酪）、乳油（酥油）等，与玉器、黄金、食盐、药材等土产，扎成牛皮包裹，用牦牛、犏牛、山羊、驴、马驮载，沿途放牧，在猛犬护卫下，露宿野餐，缓缓前进到农业社会的市场，换回粮食和工艺品。这种经商方式，是羌族在其社会发展进程中自然而然形成的。

而在当代羌区，农业只能解决温饱问题，农业生产的低效和对外来物品的越来越严重的依赖感使羌民们转变了观念。自古那种男耕女织、自给自足的生产方式逐渐淡化了。现在越来越多的羌民走出大山，开展农工相辅的产业，比如利用当地资源开发药材收售、打猎、做生意、打短工等。我们欣喜地看到，传统农业之外的新的产业已在羌族地区悄悄兴起，商品生产的曙光已经出现。当商品生产一旦成为羌族人的主要经济形式时，传统的小农经济的怪圈必然会被最后打破。羌族人民已经开始突破小农经济的制约，找到农业之外的门路，预示着羌族经济的新变化，一个新的时代正在到来。

2. 新时代的羌族社会

羌族作为我国具有悠久历史的古老民族，漫长的岁月中，用勤劳的双手，在这片土地上创造出了辉煌灿烂的文化和属于他们的幸福生活。从他们的歌声和舞蹈中，我们可以鲜明地感受到那源自祖先炙热灵魂的不断舞动。英雄的羌族人民从“逐水草而居”到“依山居之，垒石为室”，他们在漫长的历史岁月里，不仅创造了灿烂的文化，而且也为维护祖国统一和国家富强作出了巨大贡献。

新中国成立后，在羌族地区，羌族同胞和其他兄弟民族始终坚持自力更生、互帮互助、苦干实干，用自己的双手和辛勤劳动建设美好家园，推动了羌族地区民族团结与社会进步。他们也注重弘扬优秀传统文化，传承各个时代、各种类型的文化遗产。同时，他们有丰富的精神文化生活，有乐观、健康、向上的良好精神风貌。

新世纪，我国全面实施西部大开发战略，羌族地区以更加开放的姿态迎接海内外建设者，推动羌族地区经济社会全面发展。

虽然地震无情，在羌区仍可以目睹废墟、倾圮的碉楼、一排排临时板房、一座座帐篷，但坚强不屈的羌族人民为重建家园而奔忙，人们更可以看到羌人灿烂的微笑、迷人的歌舞、光鲜的服装。这些无声的细节，都展示了羌族人民对生活的热爱，对未来的憧憬。羌族人的精神没有被地震摧垮，而是充满信心，用顽强的毅力去创建新家园。羌民族正立足自然优势、资源优势，大力发展水电业、旅游业、农工商并举，林果畜齐上。可以相信，在不太久的时期内，羌族地区必将实现历史性的突破和根本性的转折。大爱在人间，人间充满希望，勤劳的羌族人民一定能用双手创造人间奇迹，羌族人民一定会迎来美好的明天！羌族文化将更加灿烂夺目！羌族社会也将更加和谐！

参考文献

[1] 范晔．后汉书·西羌卷．杭州：浙江古籍出版社，2000.

[2] 房玄龄．晋书·江统传（卷56）．北京：中华书局，1974.

[3] 钟敬文．民俗学概论．上海：上海文艺出版社，1998.

[4] 张春秀，刘目斌．民俗在适应与变迁中传承．北京：中央民族大学出版社，2008.

[5] 光钊，黎万和．论羌族传统伦理思想．中国市场，2010（9）：60～61.

[6] 周锡银，刘志荣．羌族．北京：民族出版社，1993.

[7] 千里原主编．民族工作大全．北京：中国经济出版社，1994.

[8] 黄现璠，黄增庆，张一民．壮族通史．南宁：广西民族出版社，1988.

[9] 冉光荣，李绍明，周锡银．羌族史．成都：四川人民出版社，1984.

[10] 李明．羌族文学史．成都：四川民族出版社，2009.

[11] 朱华．四川旅游景点与文化．北京：中国旅游出版社，2005.

[12] 王君平．羌族文化与羌绣服饰艺术．北京：中国文联出版

社，2009.

［13］田继周．先秦民族史．成都：四川民族出版社，1988.

［14］马长寿．氐与羌．上海：上海人民出版社，1984.

［15］郭宏珍，何星亮．评王明珂的《华夏边缘》．南宁：广西民族学院学报（哲学社会科学版），2003（3）．

［16］王明珂．羌在藏汉之间．北京：中华书局，2008.

［17］徐平．文化的适应与变迁．上海：上海人民出版社，2006.

［18］何斯强，蒋彬．中国民族村寨调查·羌族．昆明：云南大学出版社，2004.

［19］耿静．羌乡情．成都：四川巴蜀书社，2006.

［20］马宁．羌族成年礼探析．阿坝师范高等专科学校学报，2008（2）：4～6.

［21］陶斯文主编．四川地区民风民俗研究．北京：中国戏剧出版社，2012.

［22］黄安年．茶马古道的历史文化价值与特点．中国网，http：//www.china.com.cn/aboutchina/zhuanti/cwh07/2007－09/14/content_8878536.htm.

［23］《羌族简史》编写组，《羌族简史》修订本编写组．羌族简史．北京：民族出版社，2008.

后记

《羌族》是《中国少数民族人口》丛书之一。本书重点介绍了中国最古老的民族之一羌族的悠久的历史、灿烂的文化、优美的环境、不朽的功绩、缤纷的民俗、辉煌的史诗、变迁的人口、迷人的碉楼、古朴的音乐、绚丽的羌舞、悠扬的羌笛、神奇的羌绣、卓越的科技、发达的经济等，突出了羌民族文化的特点，详细展示了独具魅力的羌族文化。

本书由西南民族大学中国少数民族研究所所长陶斯文教授担任分册主编，制定编撰思想和总体框架。本书的编写原则、体例结构、章节安排等由分册主编和济南大学政治与公共管理学院副教授杨风博士、湖北科技学院文传学院陈静（小）同志共同负责实施。本分册图片主要由西南民族大学民族研究院贾银忠教授提供，在此表示衷心的感谢！本分册其余作者系西南民族大学教师等。具体分工如下：

统稿、综述、后记：陶斯文；第一章第一节：肖灵；第一章第二节：李勇光；第一章第三节：杨兵、杨风；第二章第一节：雷世敏；第二章第二节：黄莉；第二章第三节：杨沛、谭祈炜；第三章第一节：罗云朋、陈静；第三章第二节：杨风；第四章第一节：倪秀芳、陶斯文；第四章第二节：邓淑娇；第四章第三节：杨琳、杨风；第四章第四节：谭祈炜、邓淑娇；第四章第五节：陈静、杨琳；第五章第一节：邓海龙；第五章第二节：马梅艳、杨风；第五章第三节：陶斯文、马梅艳。